GW[illegible]
HEDDWCH A CHYFIAWNDER

Casglwyd a Golygwyd gan
Guto Prys ap Gwynfor

CYHOEDDIADAU'R GAIR

Golygydd y Casgliad: Guto Prys ap Gwynfor

Golygydd Testun: John Pritchard
Golygydd Cyffredinol: Aled Davies

ISBN 978 1 85994 657 2
Argraffwyd yng Nghymru.

Cyhoeddwyd gan:
Cyhoeddiadau'r Gair, Cyngor Ysgolion Sul Cymru,
Ael y Bryn, Chwilog, Pwllheli, Gwynedd LL53 6SH.
www.ysgolsul.com

Cydnabyddir yn ddiolchgar ganiatâd yr holl awduron i gynnwys eu gweddïau yn y gyfrol, ynghyd â chaniatâd golygyddion a chyhoeddwyr y cyhoeddiadau a nodir yn y ffynonellau. Gwnaed pob ymdrech i ddarganfod perchnogion hawlfraint y darnau a ddyfynnir yn y gyfrol hon. Gwahoddwn ddeiliaid hawlfreintiau i gysylltu â ni er mwyn cynnwys cydnabyddiaethau cywir mewn argraffiadau pellach.

CYNNWYS

RHAGAIR

Casgliad o weddïau a myfyrdodau sydd yn y gyfrol hon. Maent yn perthyn i wahanol gyfnodau yn ein hanes yn ogystal â gwahanol ddiwylliannau. Yr hyn sydd yn eu huno a'u clymu wrth ei gilydd yw'r ffaith eu bod i gyd yn perthyn i'r Ffydd Gristnogol.

Felly, nid yw'n syndod y caiff y gwahanol darddiadau hyn eu hadlewyrchu mewn amrywiaeth mynegiant ac iaith. Penderfynwyd cadw'r amrywiaeth hwn yn hytrach na cheisio 'diweddaru' iaith na thorri allan y cyfeiriadau at ddigwyddiadau hanesyddol. Mae'n bwysig, mi gredaf, deall y weddi neu'r myfyrdod yn eu cyd-destun lletach. Gall unrhyw un sydd am wneud defnydd cyhoeddus o'r gweddïau eu diwygio a'u cymhwyso fel y gwêl yn dda.

Mae mudiadau fel Cymorth Cristnogol yn cyhoeddi gweddïau yn gyson wrth iddynt baratoi gwasanaethau ar gyfer Wythnos flynyddol y mudiad a gwyliau eraill. Tybiais mai da o beth fyddai ceisio cadw'r rhain i'w defnyddio eto, ac felly bûm yn eu casglu ar hyd fy ngweinidogaeth, ers 1977, yn y gobaith y byddai defnydd iddynt yn y dyfodol. A dyma'r cyfle i'w defnyddio wedi dod.

Ceir cyfoeth defosiynol a syniadol yn y gweddïau a'r myfyrdodau hyn, a diolchaf i Gyhoeddiadau'r Gair am roi cyfle i mi eu crynhoi at ei gilydd a'u cyflwyno yn y modd hwn at wasanaeth fy mrodyr a'm chwiorydd yn y Ffydd, ar gyfer eu defosiwn personol ac at wasanaeth ein heglwysi o bob traddodiad.

Ni ellir gweld cyfiawnder a heddwch yn teyrnasu heb i ni ddeffro'r dyhead am weld Teyrnas Dduw ar y ddaear. Sail yr holl weithiau hyn yw dyhead Iesu ei hun, fel y mae'n ei fynegi yng Ngweddi'r Arglwydd:

"Deled dy deyrnas,
gwneler dy ewyllys,
megis yn y nef, felly ar y ddaear hefyd."

Rhan o'r alwad ar bob un ohonom yw cydweithio â'r Arglwydd i sbarduno'r awydd ac i greu'r dyhead angerddol ynom, ac yn ein heglwysi, i ddilyn ffordd cyfiawnder a ffordd tangnefedd i drefn newydd Duw.

Guto Prys ap Gwynfor

CYFLWYNIAD

1. DECHRAU

Y mae'n rhaid dechrau,
gan ymddiried,
rhyw ddeialog fydd yn graddol gryfhau.
Mater difrifol gerbron barn Duw a barn hanes
fyddai encilio oddi wrth y gwaith o ailadeiladu'r byd.

Dom Helder Câmara, Brasil, cyf. Bryn Jones

Ysgrifennwyd yn 1964 pan urddwyd yr awdur yn archesgob Olinda a Recife, Brasil

2. BYTH YN GWAHANU

Nid yw'r Beibl byth yn gwahanu heddwch a chyfiawnder oddi wrth ei gilydd. Nid yw heddwch byth yn golygu absenoldeb rhyfel yn unig; yn hytrach mae'n golygu fod cyfiawnder ar waith. Y mae a wnelo heddwch â dwyn ein dynoliaeth i'w llawn dwf, ac â'n rhyddhau a'n cyfannu, ac â rhoi bywyd llawn ystyr a ffyniant, nid i'r unigolyn yn unig, ond i'r gymuned gyfan. Ac y mae'r proffwyd Eseia'n sôn am heddwch fel creadigaeth cyfiawnder.

Allan Boesak, De Affrica, cyf. Bryn Jones

3. SHALOM

'Shalom' yw'r gair Hebraeg am heddwch. Shalom yw hanfod y weledigaeth Feiblaidd o un cymundod sy'n cynnwys yr holl greadigaeth. Y mae ffyniant a chyfanrwydd pob bywyd ymhlyg yn shalom. Y mae cysur a chyfanrwydd pob bywyd ymhlyg ynddo; yn faterol ac ysbrydol, yn gorfforol a phersonol a chorfforaethol. Y shalom yw sylwedd Paradwys. Shalom yw bywyd tragwyddol yn y gofal sanctaidd a'r gymdeithas gydgyfrannog sy'n perthyn i Ysbryd Duw, y fendith a addawyd i Abraham er iachawdwriaeth holl deuluoedd y ddaear.

Ar gyfer shalom y creodd Duw ni. Fe'n creodd i fyw'n dragwyddol mewn cytgord â'i Ysbryd ef ac â'r holl greadigaeth. Ond ni ellir gorfodi shalom arnom yn groes i'n hewyllys. Rhodd a gynigir heb dâl yw shalom, a rhaid ei derbyn yn wirfoddol.

Howard Goeringer, cyf. Bryn Jones

MAWL I'R CRËWR

4. Wythnos un byd

Dduw cariad, clodforwn ac addolwn di.
Diolchwn am gael credu
dy fod yn dal yr holl fyd yn dy law,
a bod pob un ohonom yn werthfawr yn dy olwg,
yn union fel y bydd plentyn yn werthfawr yng ngolwg ei fam.

Arweinydd: Molianned y bobloedd di, o Dduw.
Pawb: Molianned yr holl bobloedd di.

Y mae'n edifar gennym, Greawdwr trugarog,
nad ydym yn cyfrif nac yn trin eraill
fel pobl sy'n bwysig yn dy olwg di.
Wrth i ti edrych ar dy fyd, gweli
bob math o weithredoedd annynol.
Gwridwn ninnau, a chywilyddio ger dy fron.

Arweinydd: Molianned y bobloedd di, o Dduw.
Pawb: Molianned yr holl bobloedd di.

Yn enw Crist, a roddodd ei fywyd
i ddymchwel gwahanfur pechod,
cymorth ni i'n cysegru ein hunain
i ddymchwel y gwahanfuriau
a godwyd gan y ddynoliaeth,
sy'n rhwystro llif cariad
rhwng dy blant a'i gilydd.

Arweinydd: Molianned y bobloedd di, o Dduw.
Pawb: Molianned yr holl bobloedd di.

Pan rennir ni gan hiliaeth ac ofn,
boed i rym dy gariad ein cyfannu.
Pan rennir ni gan gamddealltwriaeth ac anoddefgarwch,
boed i rym dy gariad ein cyfannu.
Pan fo rhaniad rhwng y cyfoethog a'r tlawd,
boed i rym dy gariad ein cyfannu.
Pan fo rhaniad rhwng y cryf a'r gwan,
boed i rym dy gariad ein cyfannu.
Dy eiddo di yw'r ddaear, Arglwydd,
ac eiddot ti yw bywyd yn gyfan.

Arweinydd: Molianned y bobloedd di, o Dduw.
Pawb: Molianned yr holl bobloedd di.

Olaf Davies

5. DAD, MOLWN DI

Am yr undod a welwn yn dy greadigaeth –
Dad, molwn di am dy fawredd.
Am gael bod yn bartneriaid mewn gofal am dy greadigaeth –
Dad, molwn di am dy ymddiriedaeth.
Am gael ein gwneud ar dy ddelw –
Dad, molwn di am dy gariad.
Am gael gweld y ddelw berffaith yn dy Fab –
Dad, molwn di am dy rodd.
Am fod dy Fab wedi concro pechod a marwolaeth –
Dad, molwn di am dy nerth.
Am gael rhodd yr Ysbryd Glân –
Dad, molwn di am ein hundod yn yr Ysbryd.
Am i ti alw'r Eglwys i fod yn Gorff Crist –
Dad, molwn di am dy obaith.
Am gael ein huno heddiw â chwlwm cariad –
Dad, molwn di am dy drugaredd.
Am i ti ein hawlio yn deulu i ti –
Dad, molwn di am dy rodd o undod.

Boed i'th gariad ein huno
a'th lawenydd ein mwydo;
boed i'th dangnefedd ein herio
a'th oddefgarwch ein meithrin;
boed i'th garedigrwydd ein meddiannu
a'th ddaioni ein plygu;
boed i'th ffyddlondeb ein hannog
a'th addfwynder ein melysu;
a boed i'th ddisgyblaeth ein cyfeirio.
Dad, molwn di!

Dad, Molwn Di!

6. AM DY DEYRNAS

Diolchwn i ti, O Dduw, am dy deyrnas a ddysgodd i'r byd ar hyd yr oesau werth cyfiawnder, tangnefedd, a llawenydd yn yr Ysbryd Glân; ac am Iesu Grist, yr hwn a anfonaist i'n byd i bregethu tangnefedd a datod canolfur y gwahaniad rhwng cenhedloedd a'i gilydd.

Addolwn ac Ymgrymwn

7. CREAWDWR A CHYNHALIWR

O Dduw, yr Hwn wyt o dragwyddoldeb i dragwyddoldeb, Creawdwr a Chynhaliwr popeth byw, ffynhonnell bywyd a goleuni, tydi yn unig sydd deilwng o ffyddlondeb eithaf ein calon. Tydi yn y dechreuad, Arglwydd, a sylfaenaist y ddaear; a gwaith dy ddwylo yw'r nefoedd! Ni adewaist ti erioed y byd a wnaethost. O ddydd i ddydd ti a'i cynheli, gan ddwyn allan o'th drysorau bethau newydd a hen. Eiddot ti yw'r tymhorau a'u hamrywiol dlysni. Cyfoeth y ddaear sydd eiddot ti, a'i gwychder amryfal. Cydnabyddwn yn ostyngedig ein dibyniaeth arnat am fwyd a dillad a phob peth oll. Gwerthfawr yw dy roddion rhad, a phob bore y deuant o'r newydd. Yr wyt yn cynnal ein calon â bara, ac yn llawenychu ein henaid â digonedd. Ynot ti y gobeithiwn yn oes oesoedd. Amen.

Gweddïo: Arweiniad Dyddiol i Faes Gweddi

8. Cymod â'r cread

Dduw'r Crëwr,
sy'n anadlu dy fywyd dy hun i'n bod ni,
rhoddaist i ni rodd bywyd:
gosodaist ni ar y ddaear hon
gyda'i mwynau a'i dyfroedd,
ei blodau a'i ffrwythau,
ei chreaduriaid byw, hawddgar a phrydferth.
Heddiw, rwyt yn gofyn i ni:
'Ble rwyt ti; beth rwyt wedi ei wneud?'

(*Tawelwch*)

Rydym yn cuddio mewn cywilydd llwyr, am ein bod yn noeth.
Rydym yn treisio'r ddaear ac yn ei dinoethi;
rydym yn gwrthod rhannu adnoddau'r ddaear;
rydym yn ceisio perchenogi'r hyn nad yw'n eiddo i ni,
ond yn eiddo i ti.
Maddau i ni, Dduw'r Crëwr, a chymoda ni â'th Gread.

Dduw'r Cariad,
rhoddaist i ni bobloedd yn rhodd –
o amrywiol ddiwylliannau, hiliau a lliwiau –
i'w caru, i ofalu amdanynt, i rannu'n bywyd â hwy.
Heddiw, rwyt yn gofyn i ni:
'Ble mae dy frawd, dy chwaer?'

(*Tawelwch*)

Rydym yn ein cuddio'n hunain mewn cywilydd ac ofn.
Mae tlodi, newyn, casineb a rhyfel yn rheoli'r ddaear;
mae'r ffoaduriaid, y gorthrymedig, a'r rhai heb lais yn llefain arnat ti.
Maddau i ni, Dduw Cariad, a chymoda ni â'n gilydd.

Dysg ni, Dduw'r Creu a'r Caru,
fod y ddaear a'i holl lawnder,
y byd a'r rhai sy'n byw ynddo,
yn eiddo i ti.
Galw ni unwaith eto i warchod y rhodd o fywyd.

Teulu Duw yn Addoli

9. CYFFESU BYWYD

Fe'th folwn di, Ysbryd Glân, ein Heiriolwr a'n Diddanydd.
Helpa ni i gyffesu bywyd
yng nghanol marwolaeth,
gan ein cynnal wrth i ni wynebu grym distryw,
a'n hannog i dorri ein cleddyfau yn sychau
a'n gwaywffyn yn bladuriau;
fel bo bleiddiaid a defaid
yn byw ynghyd mewn tangnefedd,
a bywyd yn cael ei ddathlu,
a'r greadigaeth yn cael ei hadfer,
fel cylch y rhai byw.
Fe'th folwn di, Ysbryd Glân;
helpa ni i gyffesu bywyd
yng nghanol marwolaeth.

Teulu Duw yn Addoli

10. Yng nghanol newyn a rhyfel

Yng nghanol newyn a rhyfel
dathlwn yr addewid o ddigonedd a heddwch.
Yng nghanol gorthrwm a gormes
dathlwn yr addewid o wasanaeth a rhyddid.
Yng nghanol amheuaeth ac anobaith
dathlwn yr addewid o ffydd a gobaith.
Yng nghanol ofn a brad
dathlwn yr addewid o orfoledd a theyrngarwch.
Yng nghanol casineb a marwolaeth
dathlwn yr addewid o gariad a bywyd.
Yng nghanol pechod a dirywiad
dathlwn yr addewid o waredigaeth ac adnewyddiad.
Yng nghanol marwolaeth ar bob llaw
dathlwn yr addewid o'r Crist byw.

Edmund Jones

11. TYRD ATOM NI

Ysbryd Sanctaidd, Greawdwr,
oedd yn y dechrau yn hofran uwch y dyfroedd,
d'anadl di sy'n bywhau pob creadur.
Hebot ti, mae pob creadur yn marw
ac yn dychwelyd i ddiddymdra.
Tyrd atom ni, Ysbryd Sanctaidd.

Ysbryd Sanctaidd, Ddiddanydd,
trwot ti y cawn ein geni o'r newydd, yn blant Duw.
Ti sy'n ein gwneud yn demlau byw dy bresenoldeb,
ti sy'n gweddïo o'n mewn â gweddïau sydd tu hwnt i eiriau.
Tyrd atom ni, Ysbryd Sanctaidd.

Ysbryd Sanctaidd, Arglwydd, Rhoddwr Bywyd;
ti yw'r goleuni, ti sy'n dod â'r goleuni i ni;
ti yw daioni, a ffynhonnell pob daioni.
Tyrd atom ni, Ysbryd Sanctaidd.

Ysbryd Sanctaidd, Anadl Bywyd;
ti sy'n sancteiddio ac yn bywhau corff cyfan dy Eglwys;
ti sy'n trigo ym mhob un o'i haelodau.
Tyrd atom ni, Ysbryd Sanctaidd.

Cymuned Taizé, Ffrainc

12. Beth a wnaethom?

Arglwydd Dduw ein Crëwr, fe'th folwn di.
Fe'n creaist ni ar dy ddelw dy hun;
rhoddaist fywyd yn rhodd gysegredig i ni.
Gwnaethost ni yn alluog a medrus,
a rhoddaist y ddaear a'i llawnder ffrwythlon i'n gofal.
Dad, beth a wnaethom?
Rydym wedi camddefnyddio pob gallu a medr
a'n gwneud ein hunain yn rymus;
rydym yn treisio'r ddaear
ac yn troi gardd yn anialwch;
rydym yn caethiwo dy blant
ac yn creu gwastraff a newyn.
Gwnaethom ein hunain yn arglwyddi bywyd a marwolaeth,
ac yn ein dwylo mae'r arfau a all ladd popeth.

Ond, Arglwydd, nid wyt ti heb dy dystion.
Diolchwn am bawb sy'n gwarchod rhodd bywyd.
Adnewydda ni ar dy ddelw dy hun,
a galluoga ni i adfer y daioni a welaist yn y dechrau.
Galw ni i gydweithio â thi, O Greawdwr,
fel y gwelwn newid er gwell ym mhob rhan o'th deulu di.

Jeff Williams

13. Er mwyn Dy gyfarch

O Arglwydd, ry'm ni yn dy gyfarch di heddiw.
Gosodwn i lawr ein dicter a'n balchder
er mwyn dy gyfarch mewn tangnefedd;
rhown ein hofnau a'n hamheuaeth i'r naill ochr
er mwyn dy gyfarch di gyda chynhesrwydd a llawenydd;
rhown i ti anrhydedd a pharch am mai ti yw ein Harglwydd.
Ry'm ni am dreulio amser gyda thi.

Tim Woods, cyf. Aled ap Gwynedd

14. CREAWDWR EIN TIR

O Arglwydd; O Dduw;
Creawdwr ein tir,
ein daear, ein coed,
yr anifeiliaid a'r bobl;
mae'r cyfan er gogoniant i ti.
Mae curiad y drymiau'n datgan,
mae cân y bobl yn seinio
a'u dawnsio llawen yn cyhoeddi'n groch,
mai ti, O Dduw, yw'r Arglwydd.

O lyfr gweddi Affricanaidd
Cyhoeddwyd fel cerdyn gweddi gan Cymorth Cristnogol

15. EIDDO YR ARGLWYDD

Eiddo yr Arglwydd y byd,
y ddaear a'i holl bobl.
Mor iawn ac mor brydferth yw hi
i fyw gyda'n gilydd mewn undod.
Daw cariad a ffydd at ei gilydd;
bydd cyfiawnder a heddwch yn dal dwylo.
Os tewi wnaiff disgyblion yr Arglwydd
bydd y cerrig hyn yn llefain yn uchel.
Arglwydd, agor ein gwefusau,
a'n genau a fynega dy foliant.

Llyfr Addoliad Cymuned Iona, Yr Alban, cyf. Elenid Jones

16. Pwy wyt ti?

O Dduw mawr, pwy wyt ti?
Ble'r wyt ti?
Dangos dy hun i mi.

(Goleuo lamp neu gannwyll)

Trwy dy air, O oleuni'r bydysawd cyfan hwn,
yr ydym yn byw, yn symud ac yn bod.
Fel yr wyt ti wedi goleuo calonnau pobl
lawer gwaith yn y gorffennol,
gweddïwn, O Dduw tragwyddol,
ar i ti'n deffro ninnau o dwyll i wirionedd,
ac i'th ffordd gyfiawn di dy hun.

Arwain ni, Ysbryd dwyfol,
oherwydd chwiliwn am dy gyffyrddiad i'n deffro.

Venkayya, De'r India
Un o'r Dalitiaid cyntaf i ddod yn Gristion (adroddai'r weddi bob dydd)
cyf. Cynthia Saunders Davies

17. Diolch fo i Dduw

Mae Duw yn dda.
I bawb sy'n barod i newid
o euogrwydd i ras,
o dywyllwch i oleuni,
o gaethiwed i ryddid,
y mae Duw yn cyhoeddi maddeuant
ac yn rhoi inni dangnefedd.
Diolch fo i Dduw.

Cymuned Iona, Yr Alban, cyf. Cynthia Saunders Davies

18. SANCT, SANCT, SANCT

Sanct, Sanct, Sanct, Arglwydd perffaith y Lluoedd,
nef a daear sy'n llawn o sancteiddrwydd dy ogoniant.
Creaist bob creadur trwy dy air.
Yr wyt yn eu cario bob un heb ddiffygio,
ac yn eu bwydo heb flino.
Yr wyt yn meddwl amdanynt heb anghofio'r un.
Yr wyt yn rhoi i bawb heb i ti dy hun gael dy leihau.
Yr wyt yn dyfrhau'r ddaear heb fynd yn hesb.
Yr wyt yn gwylio dros bawb heb gysgu.
Yr wyt yn ein clywed ni oll heb esgeuluso'r un ohonom.
Tra bod dy bresenoldeb di'n llenwi pob man,
dywedwyd wrthym amdanat mewn ffordd y medrwn ei derbyn.
Oherwydd anfonaist dy Fab atom
fel y cawn fyw mewn gobaith,
yn hyderus dy fod ti'n gofalu'n ddi-ball dros
dy holl greaduriaid,
gan weddïo arnat y geiriau a ddysgodd Iesu i ni,
Ein Tad ...

Litwrgi Eglwys Uniongred Ethiopia, cyf. Cynthia Saunders Davies
Wythnos Cymorth Cristnogol 1998

19. DDUW'R BYD CYFAN

Dduw'r byd cyfan,
gan ddod atat yn llawen,
dathlwn yr hyn a wnaethost i newid ein bywydau;
gan ddod atat yn ddiolchgar,
safwn ochr yn ochr â'r rhai sy'n newid y byd er gwell;
gan ddod atat yn weddigar,
offrymwn ein hunain mewn cariad a gwasanaeth.
Bydded i bopeth a wnawn ryngu dy fodd di.

O Sri Lanka. Cyf. Cynthia Saunders Davies
Wythnos Cymorth Cristnogol 2003

20. SANCTEIDDIER DY ENW

Dduw trugarog,
ni yw'r rhai a brynaist ac a waredaist,
deuwn ynghyd yn dy enw
i sefyll dros fywyd
yn erbyn pob math o gaethwasiaeth.

Yn erbyn y grymus sy'n defnyddio dy enw i'w dibenion eu hunain
deuwn ynghyd i sancteiddio dy enw.

Sancteiddier dy enw di
yn ystod yr addoliad hwn
a lle bynnag y bydd
ein haddoliad yn ein harwain.

Sancteiddier dy enw
yn y caneuon a'r gweddïau
a offrymwn ynghyd,
ac yn ein geiriau a'n gweithredoedd
wedi inni ymwahanu.

Sancteiddier dy enw
ymhlith y rhai yr ydym yn eu hadnabod
a'r rhai nad ydym erioed wedi eu cyfarfod,
ymhlith pawb sy'n dyheu, gyda ni,
am ddyfodiad dy deyrnas.

Anad., Wythnos Cymorth Cristnogol 1999

21. YR HOLL DDAEAR MOLWCH DDUW

Arweinydd: Mae Duw wedi'n galw ni yma ynghyd:

Pawb: Yr holl ddaear molwch Dduw.

Arweinydd: Gadewch inni offrymu ein haddoliad iddo:

Pawb: Yr holl ddaear molwch Dduw.

Arweinydd: Gadewch inni ddiolch iddo am ei ddaioni:

Pawb: Yr holl ddaear molwch Dduw.

Arweinydd: Gadewch inni ofyn iddo am ei faddeuant:

Pawb: Yr holl ddaear molwch Dduw.

Arweinydd: Gadewch inni ddysgu'r hyn y mae am ei ddysgu i ni:

Pawb: Yr holl ddaear molwch Dduw.

Arweinydd: Gadewch inni offrymu ein gweddïau ger ei fron:

Pawb: Yr holl ddaear molwch Dduw.

Arweinydd: Gadewch i ni ryngu ei fodd trwy newid y byd:

Pawb: Yr holl ddaear molwch Dduw.

Arweinydd: Bloeddiwch mewn llawenydd i'r Arglwydd sy'n ein caru:

Pawb: Gogoniant i'r Tad,
ac i'r Mab, ac i'r Ysbryd Glân,
fel yr oedd yn y dechrau,
y mae'n awr, ac y bydd yn wastad.
Amen.

O Sri Lanka, cyf. Cynthia Saunders Davies
Wythnos Cymorth Cristnogol 2003

22. EI GARIAD YN PARA BYTH

Arweinydd: Yn y tywyllwch troellog cyn bod amser,
yr oedd Duw yn dda.

Pawb: Mae ei gariad yn parhau byth.

Arweinydd: Yng nghanol llaid a llysnafedd y ddaear newydd-anedig, yr oedd Duw yn dda.

Pawb: Mae ei gariad yn parhau byth.

Arweinydd: Pan ddechreuodd planhigion wreiddio a thyfu,
yr oedd Duw yn dda.

Pawb: Mae ei gariad yn parhau byth.

Arweinydd: Pan ruthrai'r dinosoriaid, a baglu a nofio,
yr oedd Duw yn dda.

Pawb: Mae ei gariad yn parhau byth.

Arweinydd: Pan gerddodd dynoliaeth ar ddwy droed,
yr oedd Duw yn dda.

Pawb: Mae ei gariad yn parhau byth.

Arweinydd: Yng nghyfnod ffermydd a dyfeisiadau a grym,
yr oedd Duw yn dda.

Pawb: Mae ei gariad yn parhau byth.

Arweinydd: Yn y dyddiau hyn o loerennau, rhyngrwyd a fideo,
mae Duw yn dda.

Pawb: Mae ei gariad yn parhau byth.

Arweinydd: Yn y dyfodol ansicr, prin ei adnoddau,
bydd Duw yn dda.

Pawb: Mae ei gariad yn parhau byth.

Gweriniaeth Dominica, cyf. Cynthia Saunders Davies
Wythnos Cymorth Cristnogol 2004

23. Galwad i addoli

Arweinydd: Eiddo'r Arglwydd yw'r ddaear,
y byd a'r rhai sy'n byw ynddo.

Pawb: I Dduw y perthyn pob gallu,
Ef sy'n teyrnasu uwchlaw pob cenedl.

Arweinydd: Mae cynaeafau'r ddaear
yn cynnal pob gŵr a gwraig.

Pawb: Rhaid i gyfoeth pob cenedl
hybu datblygiad pob plentyn.

Arweinydd: Mae gwleidyddiaeth y byd
yn cael ei archwilio yn y nef.

Pawb: Duw sy'n dal clorian cyfiawnder
ac yn sylwi ar bob bygythiad i heddwch.

Arweinydd: Yn Iesu, dangosodd Duw
fod bywyd i gyd yn gysegredig.

Pawb: Nid oes terfynau i Ysbryd Duw
wrth iddo wneud pob peth yn newydd.

Wythnos Cymorth Cristnogol 2007

24. Gwyrth feunyddiol

Diolchwn i ti, O Dduw, am wyrth feunyddiol sydd yn ein cynnal:
am wres yr haul a'r tymhorau cyfnewidiol;
am y ddaear ffrwythlon a chynhaeaf byd;
am lafur dyn mewn maes a ffatri;
am drafnidiaeth dynion ar dir a môr, ac yn yr awyr;
am wasanaeth ein cyd-ddyn yn y wlad hon a gwledydd eraill,
ac am eu llafur sy'n ein porthi a'n cynnal.
Â chalonnau diolchgar, O Dduw, yr ydym yn cydnabod dy gariad a'th drugaredd, ac yn offrymu i ti wasanaeth ein bywydau,
trwy Iesu Grist ein Harglwydd. Amen.

Medi Mewn Gorfoledd

25. Gostyngeiddrwydd Crist

Arglwydd, diolch i ti am dy iselhau dy hun trwy dy enedigaeth mewn stabl (neu feudy neu ogof) a'th osod i orwedd mewn preseb a dod fel mab i saer. Diolchwn i ti am ddwyn ein pechodau a'n poen. Buost farw er ein mwyn, a chefaist dy gyfodi o blith y meirw er ein mwyn. Diolchwn i ti am ddwyn genedigaeth newydd a bywyd tragwyddol i ni. Ti yw goleuni'r byd, gobaith y ddynoliaeth, a'n hiachawdwriaeth ni. Gofynnwn i ti ganiatáu i ni wir lawenhau gyda'r rhai sy'n llawenhau, wylo gyda'r rhai sy'n wylo, a dwyn d'oleuni i'r byd.

O Taiwan

26. Gweld Duw

Bendigedig wyt ti, O Faban Sanctaidd, yr oedd dy grud yn ddigon isel i alluogi bugeiliaid, y tlotaf a'r symlaf o blant dynion, i benlinio wrth d'ymyl ac edrych lygad yn llygad â Duw.

O Uganda

27. AWEL GREF DUW

Cyfarchaf Awel gref Ysbryd Duw,
sy'n chwythu lle y myn, yn rhydd, gan ddwyn rhyddid;
sy'n fuddugwr dros y Gyfraith, dros bechod, dros farwolaeth.

Cyfarchaf Awel gref Ysbryd Duw,
a glowyd yng nghalon a chroth
y ferch o bentref Nasareth.

Cyfarchaf Awel gref Ysbryd Duw,
a afaelodd yn Iesu
a'i anfon i bregethu'r newyddion da i'r tlodion
a rhyddid i'r caethion.

Cyfarchaf Awel gref Ysbryd Duw,
a ryddhaodd yr apostolion ar y Pentecost
o afael rhagfarn, hunanoldeb ac ofn,
gan agor yn llydan ddrysau'r oruwchystafell,
fel bo canlynwyr Iesu bob amser yn gyfeillach
agored i'r byd,
yn rhydd yn y Gair a gyhoeddir,
yn glir fel y grisial eu tystiolaeth,
ac yn anorchfygol eu gobaith.

Cyfarchaf Awel gref Ysbryd Duw,
sy'n cyson alltudio ofnau
a ddaw ar draws yr Eglwys,
a thrwy'r fflamau'n difa pob awdurdod
nad yw'n gwasanaethu anghenion ein brodyr a'n chwiorydd,
ac yn llwyr lanhau'r Eglwys trwy dlodi a merthyrdod.

Cyfarchaf Awel gref Ysbryd Duw,
sy'n llosgi'n ulw

bob rhagdybiaeth, ymhoniad a chais am elw,
ac yn bwydo fflamau cyfiawnder a rhyddid
– aelwyd danllyd y deyrnas.

Er mwyn i ni, gyfeillion, chwythu'n gryf yn y gwynt.

Mae gan yr antholeg hon o'r Ysbryd
gymaint o angerdd sy'n llosgi
dros Dduw ein Harglwydd Iesu a'i deyrnas
ag sydd ganddo o ludw breuder a thristwch.

O Brasil (seilieidig ar Luc 12:49)

28. Dathlu mewn llawenydd

Dathlwn mewn llawenydd dy ddyfodiad i'n plith;
dathlwn mewn gobaith dy ddyfodiad i'n plith;
dathlwn mewn tangnefedd dy ddyfodiad i'n plith;
oherwydd daethost i'n hachub.
Trwy dy ras, fe adwaenom dy bresenoldeb
mewn gwŷr a gwragedd ym mhob man;
trwy dy rym, yr wyt yn ein rhyddhau oddi wrth bob peth
sy'n rhwystro dyfodiad dy deyrnas;
trwy dy nerth, gall ein bywydau gyhoeddi llawenydd a gobaith;
trwy dy gariad, gallwn weithio dros heddwch a chyfiawnder.
Ti yw ffynhonnell ein bod.
Ti yw goleuni'n bywydau.

O America Ladin

29. Rhown ddiolch i ti

Gadewch i ni ddiolch i Dduw am alw gwŷr a gwragedd i'w wasanaethu yn y byd.
Am bob proffwyd, gweinidog ac athro ffyddlon yn y gorffennol;
am apostolion a anfonwyd i'r byd i dystio i'th weithredoedd grasol;
am fugeiliaid sydd wedi cynnull a gofalu am dy braidd;
am y rhai sydd wedi'n cyfeirio at ffordd y Ffydd;
Arglwydd grasol, rhown ddiolch i ti
am holl saint y gorffennol.

Am dy ddyfodiad i'n byd fel gwas distadl;
am wacáu ac iselhau dy hun er lles pawb;
am fugeilio'r defaid colledig gyda gofal parhaol;
am dy ufudd-dod drud, hyd farwolaeth ar groes;
Arglwydd grasol, rhown ddiolch i ti
am dy weinidogaeth gariadlon.

Am atgyfodi fel Arglwydd byw, a pharhau â'th waith yn ein plith;
am ein galw ni i weinidogaethu'n gariadlon fel dy gorff newydd;
am roi i bob un ohonom roddion grasol i gyflawni'r gwaith;
am ein herio'n feunyddiol â chyfleoedd newydd i'th wasanaethu;
Arglwydd grasol, rhown ddiolch i ti
am dy hyder ynom.

Am agor ein llygaid i weld yr anghyfiawnder sy'n gormesu pobloedd;
am agor ein clustiau i glywed cri'r anghenus;
am roddi inni'r ddirnadaeth i allu canfod y gwir;
am roddi'r nerth i ni sefyll dros y gwir;
Arglwydd grasol, rhown ddiolch i ti
am ein goleuo.

Am ein dwyn at ein gilydd i'r lle hwn;
am ddangos posibiliadau newydd o wasanaethu yn yr oes hon;

am ddefnyddio oedfaon i gryfhau'r dystiolaeth;
am dy addewid i fod gyda ni hyd ddiwedd amser;
Arglwydd grasol, rhown ddiolch i ti
am y gobaith sy'n ein galluogi i wynebu'r dyfodol. Amen.

O India

30. Byw ym myd Duw

Dduw'r Creawdwr, eiddot ti'r ddaear, ei phrydferthwch a'i daioni.
Rydym yn byw yn dy fyd.
Rhannwn fywyd gyda'r nefoedd a'r ddaear,
gyda'r dyfroedd a'r tiroedd,
gyda'r planedau, anifeiliaid, creaduriaid o bob rhyw,
a chyda'n brodyr a chwiorydd.
Rhoddaist inni'r rhodd o fywyd, a'n gosod ar y ddaear
gyda'r cyfrifoldeb o ofalu amdani.
Gweddïwn am dy ddoethineb i beidio bod yn drachwantus a hunanol,
ond yn ystyriol o anghenion eraill, yn awr ac i'r dyfodol.
Gweddïwn am arweiniad i beidio llygru'r adnoddau naturiol,
ond i'w gwarchod er lles yr holl bobl.
Gweddïwn arnat i'n dysgu i fod yn synhwyrus i gri'r Cread
ac i'r llef am gyfiawnder o'r moroedd a'r tir,
gan ymddiried yng ngrym Duw'r Creawdwr,
ffynhonnell cyfiawnder i'r holl bobloedd,
fel y pridd sy'n dwyn yr egin i fodolaeth
a'r ardd sy'n peri i'r had dyfu.

O India

31. YN Y BORE

Dduw tragwyddol,
fe'th gyfarchwn yn y bore.
Sancteiddier dy enw.
Yn gynnar yn y bore, cyn inni ddechrau'n gwaith,
molwn dy ogoniant.
Adnewydda'n cyrff i fod mor ffres â blodau'r bore.
Agor ein llygaid mewnol, wrth i'r haul daflu goleuni newydd
ar y tywyllwch a deyrnasodd drwy'r nos.
Gwared ni rhag pob caethiwed.
Dyro inni adenydd rhyddid, fel adar yr awyr,
i ddechrau taith newydd.
Adfer gyfiawnder a rhyddid fel afon gref
sy'n llifo'n gyson wrth i ddydd ddilyn dydd.
Diolchwn i ti am rodd y bore hwn
ac am ddiwrnod newydd i gydweithio â thi.

Masao Takenaka, Japan

32. PRESENOLDEB DUW

Ein Tad, Mam, Duw,
diolch am dy bresenoldeb
yn ystod y dyddiau anodd a chaled,
oherwydd y prydiau hynny, fe allwn bwyso arnat.
Diolch am dy bresenoldeb
yn ystod y dyddiau heulog a disglair,
oherwydd y prydiau hynny, fe allwn rannu'r hyn sydd gennym
â'r rhai sydd â llai.
A diolch am dy bresenoldeb yn ystod y dyddiau Gŵyl,
oherwydd y prydiau hynny, fe allwn dy ddathlu di
gyda'n teuluoedd a'n cyfeillion.

Dros y rhai nad oes ganddynt lais,
gofynnwn i ti lefaru.
Dros y rhai sy'n teimlo'n annigonol,
gofynnwn i ti arllwys dy gariad mewn rhaeadrau o dynerwch.
Dros y rhai sy'n byw mewn poen,
gofynnwn i ti eu trochi yn dy afon o iachâd.
Dros y rhai sy'n unig,
gofynnwn i ti fod yn gwmni iddynt.
Dros y rhai sy'n isel eu hysbryd,
gofynnwn i ti dywallt arnynt oleuni gobaith.

Greawdwr annwyl, ti sydd heb ffiniau,
sydd yn fôr o sylwedd,
gofynnwn i ti roi i'r holl fyd ein hangen dyfnaf: Heddwch.

Maya Angelou, UDA

33. GALWAD I ADDOLI

Arweinydd: Gadewch i ni daflu ymaith y grymoedd caethiwus sy'n llenwi'n bywydau, gan godi ein dwylo at Dduw ein ffydd, sydd mewn cariad ac amynedd yn aros i ni ddychwelyd ato.

Pawb: Arglwydd, rydym yn dyheu am fod yn agos atat a chael ein gwneud yn un â thi.

Arweinydd: Arglwydd ein Duw, helpa ni i roi'r gorau i chwilio'n ofer am bethau'r byd, gan ein galluogi i agosáu atat ti yn unfryd yn ein calonnau a'n meddyliau.

Pawb: Arglwydd, helpa ni i ddod yn agos iawn atat ti.

Gwasanaeth Sul CWM 2002

34. CARIAD HAEL

Dduw, ysbryd caredigrwydd,
yng ngogoniant tir a môr a sêr,
yng nghaleidosgop lliw a chysgod a llunieidd-dra,
ym mhatrymau hiwmor a thynerwch a chyffyrddiad,
dathlwn dy haelioni.

Maddau i ni pan anghofiwn mai rhodd yw pob anadl o'n heiddo,
a'r gofal sy'n ein cynnal bob eiliad o'n hoes,
a'r gras hwnnw a ddichon weddnewid ein holl ddyddiau.

Rhyddha ni o garchar ein calonnau cyndyn,
ein dyheadau hunanol a'n hysbrydoedd dicllon;
gwna ni'n ddigon dewr i weithredu'n gyfiawn a hael;
a thyn ni i mewn i'r cariad nad yw'n ceisio'i ddibenion ei hun
nac yn cadw cyfrif o gam.

Kathy Galloway, cyf. Bryn Jones

35. ARGLWYDD Y GOGONIANT

O Arglwydd y gogoniant glân,
rhoddaist inni'r ddaear
yn dreftadaeth dda
ac yn ymddiriedaeth barhaus,
a gwelsom ryfeddod ei gwead
mewn lliw
a llun
a phatrwm.
Ei hawyr oedd bur,
ei ffynhonnau'n fyrlymog lân,
a'i gwyrddlesni yn ddiogelwch iachusol.

Ond fel anifail yn sathru meillion
buom ddibris o'n hetifeddiaeth,
gan chwythu gwenwyn i'r entrych,
llygru'r dyfroedd
a rheibio'r fforestydd glaw.
Holltasom graidd yr atom
a rhyddhau grymuster brawychus
sy'n torri dros ein terfynau simsan
a threiddio i'n hesgyrn,
ac esgyrn ein hepil
a'n hanifeiliaid.

Maddau inni am asideiddio'r llynnoedd,
am roi ein carthion
i'r nentydd rhedegog
ac i'r môr aflonydd,
a rhoi had marwolaeth
yn chwaraele'r plant.
Trugarha wrthym,
am inni lygadu'r elw

heb weld y golled,
am inni fynnu cael
heb geisio cadw.
Tyn ni o gysgodion ein rhyfyg
i'r goleuni sy'n iacháu.

O Grëwr doeth,
o Gynhaliwr gofalus,
gwna ni yn gyfeillion
i'r ddaear dda;
dysg ni i adnabod ei harddwch
sy'n iachawdwriaeth,
a'r purdeb
sy'n cynnal gwerthoedd gwâr,
a thrwy ryfeddod dy ras
arwain ni at ffynnon y dyfroedd byw,
ac at yr Hwn a ddaeth
i geisio ac i gadw yr hyn a gollasid.

W. Rhys Nicholas

36. Nid ar dy ben dy hun

Arweinydd:	Rydym wedi dod ynghyd ym mhresenoldeb Duw,
Pawb:	**ac nid ar ein pennau'n hunain.**
Arweinydd:	Gyda'r angylion yn nef y nefoedd,
Pawb:	**ymgasglwn i addoli'r Arglwydd.**
Arweinydd:	Gyda'r saint ym mhob oes,
Pawb:	**ymgasglwn i addoli'r Arglwydd.**
Arweinydd:	Gyda'r eglwys ledled y byd,
Pawb:	**ymgasglwn i addoli'r Arglwydd.**
Arweinydd:	Gan blant a babanod sy'n sugno'r fron,
Pawb:	**molir enw sanctaidd Duw.**
Arweinydd:	Gyda drymiau, sitarau a thrwmpedi,
Pawb:	**molir enw sanctaidd Duw.**
Arweinydd:	Yng nghanol ofnau a gobeithion am y dyfodol,
Pawb:	**molir enw sanctaidd Duw.**
Arweinydd:	Ac yma, gan ein calonnau a'n lleisiau,
Pawb:	**molir enw sanctaidd Duw.**
Arweinydd:	Rydym wedi dod ynghyd ym mhresenoldeb Duw,
Pawb:	**ac nid ar ein pennau'n hunain.**

Cymuned Iona, yr Alban

DELED DY DEYRNAS

37. CANNWYLL HEDDWCH

Gosodwch dair cannwyll yn barod i'w goleuo

Dduw cariad, hiraethwn
am heddwch;
er hynny, gwyddom mai gwaith anodd yw cynnal heddwch.

Hiraethwn am heddwch yn ein calonnau a'n bywydau,
yr heddwch na all neb ond ti ei roi.
Ond ofnwn ildio ein hunain i ti;
ofnwn ollwng gafael a thaflu'n hunain ar dy gariad
er mwyn darganfod tangnefedd ffydd.

Goleuwch y gannwyll gyntaf

Hiraethwn am heddwch yn ein teuluoedd,
yn y gymdeithas yr ydym yn rhan ohoni,
ac ymhlith y bobl yr ydym yn cydweithio â hwynt.
Ond ofnwn fod drwgdybiaeth ac anghydfod yn amlwg
a'i bod yn anodd i ni ymatal rhag dadlau.

Goleuwch yr ail gannwyll

Hiraethwn am heddwch yn ein byd,
a deuwn o'th flaen gyda'n gweddïau taer.
Mae baich euogrwydd a chywilydd yn drwm arnom
wrth glywed y newyddion am ryfeloedd a gwrthdaro;
mae golygfeydd o'r cyrff a'r plant sy'n dioddef,
a'r holl fywydau a sarnwyd, yn dwyn gwarth arnom.

Goleuwch y drydedd gannwyll

Deled dy Deyrnas

Hiraethwn am y dydd
pan na fydd cenedl yn codi cleddyf yn erbyn cenedl
nac yn dysgu rhyfel mwyach.
Cymorth ni i droi ein gweddïau am heddwch
yn fywyd wedi ei gysegru i'w geisio.
Gwna ni'n barotach i ddilyn Tywysog Tangnefedd,
sy'n cario baich trwm ein pechodau,
ar ei daith hir a phoenus i'th deyrnas.
Gwyddom mai llwybr anodd, araf a chostus
yw'r llwybr at heddwch.
Gwyddom mai'r unig ffordd o sicrhau heddwch parhaol
yw trwy geisio cyfiawnder a dangos parodrwydd i aberthu.
Dduw cariad, trwy gymorth dy Ysbryd, arwain ni
i geisio heddwch i ni ein hunain,
i'n teuluoedd a'n cymdeithas,
ac i'r byd.

Olaf Davies

38. Deled yn fuan

Deled dy deyrnas;
deled yn fuan
i'r newynog,
i'r rhai sy'n wylo,
i'r rhai sy'n sychedu am dy gyfiawnder,
i'r rhai sydd wedi aros am ganrifoedd
am fywyd llawn.

Rho i ni amynedd i
baratoi'r ffordd y daw
dy deyrnas atom.
Rho i ni obaith fel na ddiffygiom
wrth ei chyhoeddi,
er gwaethaf
pob gwrthdaro, bygythiad a diffyg.
Rho i ni weledigaeth glir
yn awr ein hangen
i adnabod y ffordd a ddaw
â'th deyrnas atom.

O Nicaragua

39. Bara beunyddiol

Ein Tad,
sydd yma gyda ni ar y ddaear,
sanctaidd yw dy enw di
ymhlith y tlodion sy'n rhannu dy fara a'th gân.
Deled dy deyrnas,
gwlad hael lle mae hyder a gwirionedd yn teyrnasu.
Bydded i ni wneud dy ewyllys
gan fod yn awel oer i'r rhai sy'n chwysu.
Yr wyt ti'n rhoi inni ein bara beunyddiol
pan lwyddwn i gael ein tiroedd yn ôl
neu ennill cyflog tecach.
Maddau i ni am gadw'n dawel yn wyneb anghyfiawnder,
ac am gladdu ein breuddwydion.
Gwared ni rhag syrthio i'r temtasiwn
o godi'r un arfau â'r gelyn,
eithr gwared ni rhag y drygioni sy'n ein rhannu ni.

O Ganolbarth America

40. Myfyrdod ar weddi'r Arglwydd

Yma y mae teyrnas Dduw yn herio teyrnas Satan.
Mae'r Tad yn agos (ef yw ein Tad ni),
ond y mae ef hefyd yn bell (yn y nefoedd).
Mae'r cabledd sy'n cael ei lefaru yn y byd hwn
yn rhoi dyletswydd arnom i sancteiddio enw Duw.
Rheolir ein byd gan bob math o ddrygioni sy'n dwysáu
ein dyhead am ddyfodiad teyrnas Dduw,
teyrnas o gyfiawnder, cariad a thangnefedd.
Mae ewyllys Duw'n cael ei bradychu,
ac mae'n rhaid i ni ei mynegi'n weladwy yn ein hymddygiad.
Gweddïwn am fara beunyddiol,
oherwydd y mae llawer sydd hebddo.
Gofynnwn i Dduw faddau i ni ein troseddau yn erbyn ein gilydd,
er mwyn i ni faddau i'r rhai sydd wedi troseddu yn ein herbyn ni.
Gweddïwn am nerth mewn temtasiwn,
oherwydd hebddo buasem yn methu'n druenus.
Gweddïwn i ni gael ein gwaredu rhag drygioni,
oherwydd fel arall buasem yn troi ein cefnau ar y Ffydd am byth.

Leonardo Boff, Brasil

41. Gwledd fawr Duw

O Dduw, yr wyt ti'n addo byd
lle caiff y rhai sy'n awr yn wylo chwerthin,
lle caiff y rhai sy'n awr yn newynog wledda,
lle caiff y rhai sy'n awr yn dlawd ac yn wrthodedig
dy deyrnas di'n eiddo iddynt.
Yr wyf finnau am feddu'r byd hwn:
ymwrthodaf ag anobaith,
gweithredaf dros newid,
dewisaf gael fy nghynnwys
yn dy wledd fawr di, gwledd y bywyd.
Amen.

Cyhoeddwyd fel cerdyn gweddi Cymorth Cristnogol

42. Byd newydd

Arglwydd Dduw, rho i ni weledigaeth
o'n byd fel y dymunai dy gariad iddo fod:
byd lle caiff y gwan eu hamddiffyn
a lle nad oes neb yn newynog nac yn dlawd;
byd lle caiff manteision bywyd gwâr eu rhannu
fel y gall pawb eu mwynhau;
byd lle mae pobl o wahanol hil, cenedl a diwylliant
yn byw mewn goddefgarwch gan barchu ei gilydd;
byd lle caiff heddwch ei adeiladu â chyfiawnder,
a lle caiff cyfiawnder ei lywio gan gariad.
A rho inni'r ysbrydoliaeth a'r dewrder i'w adeiladu,
trwy Iesu Grist ein Harglwydd. Amen.

Kevin Mayhew
Wythnos Cymorth Cristnogol 1990, cyf. Aled ap Gwynedd

43. Hiraeth am gynhesrwydd

O Dduw,
hiraethwn am gynhesrwydd a diogelwch,
a charwn foethau ein cartrefi.
Ond ni fedrwn deimlo'n hollol gartrefol
pan fo eraill yn dioddef.
Dyro i ni'r gras i ganfod
dy deyrnas fawr o gariad a chyfiawnder,
y dirgelwch sydd wedi'i wau y tu mewn
a thu hwnt i'r hyn a welwn yn awr.
Bydded i ni weithio am hyn yn feunyddiol,
a gwybod mai dyna ein gwir gartref
trwy Iesu Grist. Amen.

Wythnos Cymorth Cristnogol 1992, cyf. Elenid Jones

44. Rhyddid y deyrnas

Bydded i deyrnas Dduw ddyfod;
bydded i'w gogoniant lewyrchu trwy ein bywydau ni;
bydded i'w gallu weddnewid y byd;
yn enw'r hwn sy'n ein gollwng yn rhydd,
Iesu Grist ein Harglwydd. Amen.

Anad., Wythnos Cymorth Cristnogol 1999

45. POPETH Y MEDRWN NI FOD

O Dduw,
rwyt ti'n gwybod am ein breuddwydion a'n gobeithion,
ac yr wyt eisiau i bob un ohonom
fod yn bopeth y medrwn ni fod.
O Dduw,
rwyt ti wedi clywed ein hesgusodion,
ac eto yr wyt am i bob un ohonom
fod yn bopeth y medrwn ni fod.
Ledled y byd hwn,
ym mhob cam,
ym mhob penderfyniad a wneir,
ym mhob dymuniad i ddod,
bydded i holl blant y dyfodol
fod yn bopeth y medran nhw fod.
O Dduw, helpa ni i ddyheu am bopeth yr wyt ti'n dyheu amdano drosom.

Wythnos Cymorth Cristnogol 2000

46. Am fod dy enw'n sanctaidd

O Dduw Dad, sydd yn y nef,
fe alwn ni yn un ein llef;
ni chysgwn nes daw dy deyrnas;
fe roddwn ein hoes i'th ddilyn,
ar y llawr fel y bu uchod yn y nef,
a dyna saif,
am fod dy enw'n sanctaidd.

O Dduw Dad sydd oddi fry,
rho inni heddiw fara'r dydd;
rho di faddeuant am ein gwendid;
rhag y gell dywyll, a rhag y dyddiau blin
gwarchod dy braidd,
am fod dy enw'n sanctaidd.

O Dduw Dad dyrchafwn gri,
deued dy deyrnas atom;
ti biau'r nerth ac fe'th addolwn,
a phlygu glin i'th ogoniant;
mae dy deyrnas yn y nef, tragywydd yw,
Amen! Amen!
am fod dy enw'n sanctaidd.

O Weriniaeth Dominica, cyf. Iwan Llwyd

47. Dere, Ysbryd Glân

Dere, Ysbryd Glân.
Dere, Ysbryd Glân,
athro'r gwylaidd, barnwr y trahaus.
Dere, obaith y tlawd, adfywiad y blinedig,
achubydd y drylliedig.
Dere, orchudd ysblennydd pob peth byw,
unig iachawdwr pawb meidrol.
Dere, Ysbryd Glân, trugarha wrthym,
dyrchafa'n distadledd trwy dy nerth,
cryfha'n gwendid trwy gyflawnder dy ras.
Dere, Ysbryd Glân, adnewydda'r holl greadigaeth.

Yr Eglwys Uniongred

48. Dduw'r ieuenctid

O Dduw yr ieuenctid, gweddïwn arnat:
pobl ifainc ydym, a'n dymuniad yw cael dathlu bywyd!
Gwaeddwn yn erbyn pob dim sy'n lladd bywyd:
newyn, tlodi, diweithdra, salwch,
gormes, unigolyddiaeth, anghyfiawnder.
Dymunwn gyhoeddi cyflawnder bywyd:
gwaith, addysg, iechyd, tai,
bara i bawb.
Dymunwn gael cymundeb, byd wedi'i adnewyddu.
Gobeithiwn yn erbyn gobaith.
Gydag Arglwydd hanes, dymunwn wneud pob peth yn newydd.

Ieuenctid o Brasil

49. YR EFENGYL YN FY MAMIAITH

Dduw, caniatâ i'r Efengyl gael ei chyhoeddi yn fy mamiaith
i'r cyfoethog a'r tlawd, i'r hen a'r ifanc,
gan ddatgan ei bendithion dros ddyffryn a glyn,
gan y tafod a'r ysgrifbin i bob trigfan anghysbell,
tra bod dy law gref yn amddiffyn ein tir,
yn atal peryglon a gelynion.

Hallgrimur Petersson, Gwlad yr Iâ

50. I'R PELL A'R AGOS

O Dduw, yr hwn a wnaethost o un natur bob cenedl o ddynion i drigo ar wyneb y ddaear, ac a anfonaist dy fendigaid fab, Iesu Grist, i bregethu tangnefedd i'r rhai sydd ymhell, ac i'r rhai sydd yn agos; pâr i holl genhedloedd y ddaear dy geisio a'th gael, a phrysura, O Arglwydd, i gyflawni d'addewid i dywallt o'th Ysbryd ar bob cnawd, trwy Iesu Grist, ein Harglwydd.

Addolwn ac Ymgrymwn

51. Fy mrodyr a'm chwiorydd

Arglwydd, cofiwn y miliynau yn ein byd sy'n newynu heddiw,
y rhai nad oes ganddynt hyd yn oed angenrheidiau sylfaenol bywyd,
y rhai y mae bywyd ei hun yn faich iddynt.
Arglwydd, cofiwn bawb sy'n cael eu hecsbloetio
oherwydd lliw neu ryw, hil neu ddosbarth.
Arglwydd, cofiwn y grymoedd gormesol sy'n sathru pobl dan draed,
a'r systemau anghyfiawn sy'n torri calonnau'r bobl
ac yn dwyn oddi arnynt eu hawliau a'u hurddas.
Arglwydd, cyflwynwn i ti eglwysi a Christnogion o gylch y byd.
Diolchwn i ti am bob tystiolaeth i'th deyrnasiad;
ond yn aml, buom yn ddistaw gan fynd heibio o'r ochr arall,
yn aml buom yn ddifater,
yn aml buom yn rhan o'r grymoedd sy'n difetha bywyd.
Arglwydd, galwn i gof bob awdurdod sy'n ymwneud â phobl fel pe bai nhw'n ddim.
Cofiwn y carcharau unig a'r cyfreithiau anghyfiawn,
y fasnach ryfel a'r trachwant gwleidyddol.

O'r dyfnder y llefwn arnat, Arglwydd;
clyw ein cri a gwrando'n gweddi.

Arglwydd, cyffeswn yn obeithiol dy bresenoldeb yn y byd;
fe weli'r clwyfus a'r briwedig, a dywedi –
'Rhain yw fy mrodyr a'm chwiorydd'.

Arglwydd, ysbrydola ni â'th gariad,
heria ni â'th wirionedd,
grymusa ni â'th allu,
i fyw dros fywyd yng nghanol marwolaeth.

Cwlwm o Weddïau

52. ADDEWID DUW

Bydd yr anialwch yn canu ac yn llawenhau
a'r diffeithwch yn blodeuo.
Fe wêl pawb ogoniant yr Arglwydd,
gwelant ei fawredd a'i rym.
Dywedwch wrth bawb sy'n bryderus:
Ymgryfhewch, nac ofnwch.
Fe agorir llygaid y deillion;
a chlustiau'r byddariaid.
Bydd y cloff yn neidio a dawnsio;
a'r mudan yn bloeddio.
Byddant yn curo'u cleddyfau'n geibiau
a'u gwaywffyn yn grymanau.
Bydd y cenhedloedd yn byw mewn heddwch,
ac ni ddysgant ryfel mwyach.
Hyn yw addewid Duw;
fe gyflawnir addewid Duw.

Cymuned Iona, yr Alban

53.GWAREDIGAETH

Ni allwn ni warantu gwaredigaeth. Fe all yr Ysbryd ddwyn, neu beidio â dwyn, ein hamcanion ni i gyflawnder mewn modd gweladwy neu fesuradwy. Profiad cyffredin i ni yw gweld gohirio neu lesteirio gwaredigaeth. Yn ôl ffydd yr ydym yn byw, nid yn ôl golwg; ar bwys addewid, nid ar bwys gwarant; dan gyfamod, nid dan gytundeb. Nid er lles ein gyrfaoedd cyfyng ni, ond er lles y greadigaeth gyfan, y rhoddwyd addewid iachawdwriaeth. Y mae'r weledigaeth yn dal i ddisgwyl dyfod ei hawr. Byddwn ninnau'n effro i'w disgwyl, oherwydd y mae'n sicr o ddod.

Ken Sehested. Cyf Bryn Jones

54. Llywodraethwr daer a nef

Deuwn atat yn awr, ein Duw, gan gredu mai ti sy'n llywodraethu'r byd a'r nef dy hun a bod dy allu a'th ddoethineb yn anfeidrol. Er i ni fethu â deall dy ffyrdd, cymorth ni i gredu mai Duw byw ydwyt, yn gweithio allan dy fwriadau mawr yn y byd ac na fetha'r bwriadau hynny. Cryfha ein ffydd ni ynot, ac yn wyneb pob siom cadw'n fyw yn ein calonnau'r gobaith am y byd newydd a addewaist ti i ddynion, fel yr adwaenir dy ffordd ar y ddaear a'th iachawdwriaeth ymhlith yr holl genhedloedd.

Llawlyfr Defosiwn i Blant a Phobl Ieuainc

55. Tydi sydd Dduw

Ymbiliwn arnat, Arglwydd, i'n cynorthwyo.
Gwared y gorthrymedig,
tosturia wrth y di-nod,
dyrchafa'r rhai a syrthiodd,
amlyga dy hun i'r anghenus,
iachâ'r cleifion,
tywys yn ôl y rhai hynny o'th blant a aeth ar gyfeiliorn,
bwyda'r newynog,
cod y gweiniaid i fyny,
tyn ymaith gadwyni'r carcharorion.
Boed i bob cenedl ddod i wybod mai tydi yn unig sydd Dduw,
mai Iesu Grist yw dy Blentyn,
a'n bod ninnau yn bobl i ti a defaid dy borfa.

Clement o Rufain, *c.* OC 100

56. ILDIO

Yn eu cymdeithas â Iesu, mae ei ddilynwyr wedi ildio'u hewyllys eu hunain yn llwyr i ewyllys Duw, ac felly gweddïant y gwneler ei ewyllys drwy holl gyrrau'r byd. Ni chaniateir i'r un creadur ar y ddaear herio ei fwriad ef. Ond mae'r ewyllys drwg yn parhau'n fyw, hyd yn oed ymysg dilynwyr Crist, ac yn dal i geisio'u gwahanu oddi wrth gymundeb ag ef. A dyna pam mae rheidrwydd arnynt i weddïo y bydd i ewyllys Duw lwyddo fwyfwy bob dydd yn eu calonnau, gan orchfygu pob rhwystr. Yn y diwedd, bydd yn rhaid i'r holl fyd blygu i'r ewyllys honno, gan addoli a diolch mewn llawenydd ac mewn gofid. Bydd nefoedd a daear yn ddarostyngedig i Dduw. Rhaid i enw Duw, teyrnas Dduw, ewyllys Duw, fod yn brif amcan gweddi Gristnogol.

Dietrich Bonhoeffer, yr Almaen

57. BYD HARDD

Dyro i ni, o Dduw, weledigaeth o'n byd yn hardd fel y gallai fod;
byd o gyfiawnder, lle nid anrheithia neb ei gymydog;
byd o lawnder, lle ni lygra drygioni na thlodi mwy;
byd o frawdgarwch, lle y sefydlir llwyddiant ar sail gwasanaeth, ac yr anrhydeddir teilyngdod yn unig;
byd o heddwch, lle ni orffwys trefn ar rym arfau, ond ar gariad pawb at Dduw ac at ei gilydd.
Clyw ni, o Arglwydd, a chymorth ni i gysegru ein hamser, ein nerth a'n meddwl, i brysuro'r dydd o harddwch a chyfiawnder sydd i ddod.

Walter Rauschenbusch, UDA

58. Tangnefedd

O Dduw Hollalluog, Tad y ddynoliaeth gyfan, gweddïwn arnat i droi atat ti dy hun galonnau'r holl bobl a'u llywodraethwyr fel trwy ddawn dy Ysbryd Glân y sefydlir tangnefedd ar sail cyfiawnder, uniondeb a gwirionedd; trwy'r hwn a ddyrchafwyd ar groes i ddwyn pawb ato ef ei hun, dy Fab Iesu Grist ein Harglwydd. Amen.

William Temple, Lloegr

59. Tad y trugareddau

Dad y trugareddau,
agor ein heneidiau a'n calonnau
fel y gallwn fod yn wneuthurwyr heddwch gwirioneddol.
Cofia bawb sydd dan orthrwm,
sy'n dioddef ac yn trengi.
Deled dy deyrnas o gyfiawnder, heddwch a chariad
i'r holl bobl, o bob hil ac iaith;
a llanwed yr holl ddaear â'th ogoniant.

Pab Paul VI

60. RHO I NI DANGNEFEDD

Ein Tad yn y nefoedd, rwyt ti am i ni, dy blant, adeiladu daear newydd o frawdoliaeth, nid uffern o drais a marwolaeth.
Edrych mewn cariad arnom a rho i ni dangnefedd.
Deled dy deyrnas, nid teyrnasiad ofn a grym, na theyrnasiad arian, a cheisio heddwch trwy drais.
Edrych mewn cariad arnom a rho i ni dangnefedd.
Gwneler dy ewyllys ar y ddaear fel yn y nef, yn y tir hwn o'n heiddo ni, ac mewn tiroedd eraill lle clywir atsain ergyd y dryll a chri'r ofnus.
Edrych mewn cariad arnom a rho i ni dangnefedd.
Dyro i ni heddiw ein bara beunyddiol, bara heddwch i allu hau a medi, a heddwch i allu cydfwyta o amgylch bwrdd mawr fel brodyr a chwiorydd.
Edrych mewn cariad arnom a rho i ni dangnefedd.
Maddau i ni ein troseddau, fel yr ydym wedi maddau i'r rhai a droseddodd yn ein herbyn. Na ad i'n perthynas ag eraill fod wedi ei sefydlu ar hunan-les. Gad i ni gyfnewid galarnadau am ganeuon bywyd, dyrnau am ddwylo estynedig, ac wylofain gweddwon ac amddifaid am chwerthin a gwên plant.
Edrych mewn cariad arnom a rho i ni dangnefedd.
Paid â'n dwyn i gael ein profi gan y temtasiwn i gydymffurfio, gwneud dim a pheidio â chydweithredu â thi yn yr ymgais am gyfiawnder a heddwch.
Edrych mewn cariad arnom a rho i ni dangnefedd.
Gwared ni rhag yr Un Drwg, rhag ymddwyn fel Cain at ein brodyr a'n chwiorydd, rhag meddwl am ein hunain fel arglwyddi bywyd a marwolaeth, rhag y blys am rym a rhag bod yn ddistrywgar.
Edrych mewn cariad arnom a rho i ni dangnefedd.
Amen, boed felly o Arglwydd, yn ôl dy ewyllys a'th fwriad. Canys eiddot ti yw'r deyrnas a'r nerth a'r gogoniant; ti yw ein hunig obaith am iachawdwriaeth; ac ynot ti yr ymddiriedwn.
Amen.

O Panama

61. DY DEYRNAS DI

Ein Tad, yr hwn wyt yn y nefoedd. Sancteiddier dy enw. Deled dy deyrnas. Gwneler dy ewyllys ar y ddaear megis y mae yn y nefoedd. Fel hyn y dysgodd Mab dy fynwes ni i weddïo: ceisio yn gyntaf deyrnas Dduw, a'i gyfiawnder ef. Diolch i ti, o Dad, am y deyrnas, ac am y bendithion a ddygodd i ni, ac i'n gwlad, ac i'r byd. Dy deyrnas di, yn Efengyl dy Fab, sydd wedi gwneud hynny o drefn sydd arnom; ac y mae iachawdwriaeth y byd yn dibynnu ar ei llwyddiant. Deled dy deyrnas, O Arglwydd, gyda mwy o nerth ac awdurdod i'n calonnau, i'n teuluoedd, i'n gwlad, ac i'n byd; deled i ddarostwng pob ffurf ar annuwioldeb; i gaethiwo pob meddwl mewn ufudd-dod i Iesu Grist; ac i sefydlu ohoni gyfiawnder a thangnefedd rhwng dyn a dyn ledled y ddaear. Galluoga ni, Dad trugarog, i blygu'n ostyngedig i'th ewyllys grasol, a gwared ni rhag ceisio mynnu ein ffordd ein hunain. Cyfaddefwn nad yw ein ffordd ni ond yn arwain i dywyllwch a dryswch a dioddefaint. O, mor gyndyn ac mor araf ydym i ymostwng ac i ufuddhau i alwadau daionus a doeth dy gariad anfeidrol di. Maddau i ni ein hofnau a'n hamheuon; a dyro i ni ffydd sy'n mynnu mentro ar dy Air, gan ymddiried y canlyniadau i ti. Achub ni rhag syniadau cyfeiliornus ac arferion croes i egwyddorion d'Efengyl, a'u profodd eu hunain yn gymaint rhwystr i lwyddiant dy deyrnas yn y byd. Dwg ni oll i oleuni pur dy wirionedd, a choded y waedd o ddyfnderoedd ein calonnau, "Beth a fynni di i ni ei wneuthur?"

Cofia, O Arglwydd, y byd yn gyffredinol; eled yr Efengyl i bob gwlad; derbynier hi gan bob cenedl; creder ynddi gan bob dyn; a threiddied ei dylanwad iachusol trwy'r holl wledydd.

Bendithia bob ymdrech o eiddo'r rhai sy'n byw agosaf at galon y Crist i wneud brawdgarwch Cristnogol yn ffaith, nid yn unig yn eu hathrawiaethau, ond yn eu holl ymwneud â'i gilydd fel plant yr un Tad, ac aelodau o'r un teulu. Prysured yr adeg pan fyddo pob peth a wnawn, a ddywedwn ac a feddyliwn yn seiliedig ar "fel y gwnâi Crist'. Amen.

T. Thomas, *Sylfeini Heddwch*

62. ANIALWCH YN BLAGURO

Daw dydd yr Arglwydd fel y dywedodd y proffwydi,
pan fydd Crist yn gwneud pob peth yn newydd,
pa mor hen bynnag ydynt;
a bydd rhai'n syllu ar y sêr, a rhai ar air Duw,
i ragfynegi pa bryd y daw dydd yr Arglwydd – yn ofer.
Bydd yr anialwch yn blaguro, y bryniau'n llawenhau,
cloffion y ddaear yn llamu, y mud yn cael hyd i'w llais;
bydd yr oen yn gorwedd gyda'r llew, a bydd yr olaf yn flaenaf;
ac ni fydd cenhedloedd yn cynllwynio nac yn sychedu am ryfel mwyach.

Daw dydd yr Arglwydd; lleidr yn y nos,
melltith i'r rhai sydd yn credu eu bod yn iawn a hwythau ar gyfeiliorn;
pleser i'r rhai sydd mewn poen neu wrth borth angau;
gwir ryddhad i'r caethion a'r tlodion.
Bydd yr anialwch yn blaguro ...

Daw dydd yr Arglwydd a mynegir y dyfarniad,
wrth i genhedloedd ddynesu, fel defaid a geifr, at yr orsedd.
Yna fe ddatguddia Crist ei hun gan ofyn i bawb ddynesu
a gweld yn ei wyneb ef yr holl wynebau a anwybyddwyd unwaith yma.
Bydd yr anialwch yn blaguro ...

Daw dydd yr Arglwydd, ond nawr yw'r amser
i wyrdroi doethineb y byd â ffolineb aruchel Crist,
trwy garu'r digariad, trwy droi'r llanw a'r foch,
trwy gydgerdded gyda'r gwan o dan y groes.
Bydd yr anialwch yn blaguro ...

Cymuned Iona, yr Alban, cyf. Cynthia Saunders Davies

EIRIOLAETH

63. DOETHINEB ODDI UCHOD

Arglwydd ein Duw a Thad ein Harglwydd Iesu Grist, mawrygwn Di am dy gariad mawr tuag at ddynion o bob gradd a chenedl, a diolchwn i Ti am drefnu ffordd yn Iesu Grist at ffynhonnau bywiol o ddyfroedd. Bendithiwn Di am ddarpariaeth ddigonol ar gyfer holl angen dyn. Gweddïwn hefyd am gymorth y doethineb sydd oddi uchod, fel y ceisiwn y pethau sy'n dyrchafu, ac yr adwaenwn yr hyfrydlais, ac y dilynwn Iesu Grist ein Harglwydd, ein Hathro, a'n Harweinydd, yr Hwn a ddaeth fel y cawn ni helaethrwydd bywyd heddiw a byth.

Gweddïo: Arweiniad Dyddiol i Faes Gweddi

64. DWYN BEICHIAU EIN GILYDD

Arglwydd ein Duw, a Thad holl deulu'r llawr, clyw ein gweddi ar ran ein brodyr. Buost yn noddfa mewn cyfyngder i drueiniaid ar hyd y canrifoedd. Tosturiaist wrth y gorthrymedig, cysuraist yr amddifad a chynorthwyaist y rhai oedd yn drwm eu baich. Cofia eto, yn ôl lliaws dy dosturiaethau, am y diymgeledd a'r tlawd, y digartref a'r di-waith. Yng Nghrist Iesu, gelwaist ni i deulu'r ffydd, i ddwyn beichiau ein gilydd. Dyro i ni feddwl Iesu, a bedyddier ni â'i Lân Ysbryd fel y gwasanaethwn eraill fel y gwnaeth ef. Gwared ni rhag byw yn esmwyth ac yn hunanol mewn byd sydd mor fawr ei angen a'i groes. Bendithia waith Cyngor Eglwysi'r Byd a'r cymdeithasau cenhadol sy'n trin y clwyf, yn rhannu'r dorth, yn dilladu'r noeth ac yn ymweld â'r rhai sy'n gaeth yng ngharchar eu gofidiau. Bendithia hefyd y rhai sy'n fawr eu croeso i'r dieithryn yn y wlad hon, ac sy'n ceisio adfer eu hunan-barch. Cyflwynwn i'th ofal y plant amddifad a'r hen a adawyd yn unig. Cryfha dy weithwyr ffyddlon yn yr Eglwys, a maddau i ni bob esgeulustod a difrawder. Rho dy law i'n tywys, er mwyn Iesu Grist. Amen.

Gweddïo: Arweiniad Dyddiol i Faes Gweddi

65. CARIAD DUW

Diolch i Ti, drugarog Dduw, am y datguddiad o'th gariad at ddynion o bob cenedl. Dysg i ni gofio'r gwerth a osodaist ti arnom, a'i ddiogelu trwy bob ymddygiad a gweithred.
O Dad Nefol, pâr i'th gariad lywodraethu yng nghalonnau dynion, a chynorthwya hwy i feddwl yn deilwng am ei gilydd; a boed i drugaredd gael cyfle i iacháu'r teimladau briw.
Cymorth dy Eglwys i ystyriedangen mawr y byd yn ddwysach.
Amlyga d'ewyllys i bob un sy'n proffesu d'enw, ac ennyn ynom oll ufudd-dod llwyrach i Ti.
Dyro ysbrydiaeth dy bresenoldeb i bawb sy'n gweithio dros dy Deyrnas, er mwyn dy annwyl Fab Iesu Grist a thrwyddo. Amen.

Gweddïo: Arweiniad Dyddiol i Faes Gweddi

66. HEDDWCH FEL AFON

Ein Tad, yr hwn wyt yn y nefoedd, gwneler dy ewyllys, megis yn y nef, felly ar y ddaear hefyd. Gwared ni rhag i'r weddi hon fod ar ein gwefus heb fod yn ein calon, a rhag i ni weddïo am weld gwladweinwyr ac eraill yn rhodio dy lwybrau, a ninnau'n amharod i fentro ar d'addewidion. Paratoa ni, o ran meddwl ac ysbryd, i ddeisyfu d'arglwyddiaeth ar ein bywyd, fel y gallwn weithredu a gweddïo'n ddwysach am weld arweinwyr byd yn plygu i'r un awdurdod. Dyro dy ddoethineb i'r rhai y mae bywydau miloedd o bobl yn dibynnu ar eu penderfyniadau; a phâr fod ysbryd dealltwriaeth a chymod yn eu holl drafodaethau, fel bo 'heddwch fel yr afon a chyfiawnder megis tonnau'r môr' ar ein daear. Ateb ni'n fuan, O Arglwydd. Er mwyn Iesu Grist. Amen.

Gweddïo: Arweiniad Dyddiol i Faes Gweddi

67. Un anthem fawr

O Arglwydd ein Duw a'n Tad, yr hwn a welodd boblogi ein daear ag amrywiaeth mawr o lwythau a chenhedloedd, gwêl yn dda i roddi'r fath ysbryd ar waith yn y byd fel y plether yr amrywiaeth hwn yn gydgordus ei harmoni, megis y plethir seiniau amrywiol cerddoriaeth yn un anthem fawr. Gwared genhedloedd y byd rhag taro tannau a fo'n anghydnaws ac anghytsain, rhag iddynt fagu gelyniaeth a chas. Pâr sylweddoli ohonom fel dynion gwyn y daw ein brawd du yn nes atom po nesaf y byddwn atat Ti. Dy Dadolaeth yw sail ein gobaith am frawdoliaeth, a diolchwn am ein cenhadon sy'n gweithio i'r amcan hwn. Ymgeledda hwy â'th ras, a'th fendith a'u dilyno ar lwybrau eu gwaith. Er mwyn Iesu Grist. Amen.

Gweddïo: Arweiniad Dyddiol i Faes Gweddi

68. CENHEDLOEDD BYD

Ein Tad, yr hwn wyt yn y nefoedd, Duw a thad ein Harglwydd Iesu Grist, a Duw a thad yr holl deulu dynol. Diolchwn i ti am gael golwg ar undod dy gread wrth ddyrchafu ein llygaid atat ti, ffynhonnell fawr pob bywyd. Rhoddaist batrymau aneirif yn holl waith dy ddwylo, heb d'ailadrodd dy hun yn unman ond creu o hyd o'r newydd. Ni ddefnyddi'r un gwlithyn ddwywaith, ac y mae pob baban yn ei grud yn greadigaeth newydd, lân. Y mae popeth a wnawn ni, O Arglwydd, mor debyg i'w gilydd: copiwyr llesg ydym ar y gorau, ac nid yw ein holl waith ond bregus a byr ei barhad. Tydi yn unig a all greu, ac erys dy waith di byth. O anfeidrol athrylith!

Diolchwn i ti am yr amrywiaeth sydd yn ein personau gwahanol. Ti a'n creaist ar dy ddelw dy hun, ac nid ar ddelw ein gilydd. Rhoddaist i bob hedyn ei gorff ei hun, a gwnaethost yr un fath i ninnau. Trwy i ti wneuthur hyn y daeth hi'n bosibl i ni adnabod ein gilydd, ac ymddiddori ac ymserchu yn ein gilydd. Diolch i ti fod eraill yn gallu lle y methwn ni. Diolch am lygad a chlust gyflymach na'n heiddo ni i adnabod prydferthwch ac i'w ddangos i ninnau; am ambell galon lanach i weld y gwirionedd ac i'n tywys ninnau ato; am ambell enaid praffach a mwy proffwydol a allodd groesi ffiniau'r anweledig a'n dwyn ninnau gydag ef; am ambell fywyd sancteiddiach a allodd gyfryngu rhyngom a thi dy hun. Dysg i ni, o Arglwydd, barchu person pawb arall, a pheidio defnyddio neb i amcanion hunanol a gwael.

Diolchwn i ti hefyd, O Dduw, am y goludoedd amrywiol sydd ym mywyd cenhedloedd y byd. Gwnaethost hwynt oll yn ddyledwyr y naill i'r llall. Amrywiaist hinsoddau'r gwledydd a thaenaist brydferthwch yng ngwahanol liwiau croen eu trigolion; rhoddaist i bob cenedl, fach a mawr, ei dawn ei hun. Diolch i ti am gyfriniaeth pobloedd y Dwyrain pell, ac am eu bywyd araf a hamddenol. Atgoffa ni o hyd mai trwy fywyd breuddwydiol y bobl hynny y rhoddaist ti gynt amlygiadau lawer ohonot dy hun i'r byd. Gwared ni, O Arglwydd, rhag methu â dysgu i'r hen genhedloedd urddasol hyn ddim amgen na'n cyflymder peryglus ni. Cadw ni rhag eu lladd â'n gwareiddiad. Gad i ni gofio, yn arbennig, mai un ohonynt hwy a etholaist i fod yn genedl i ti dy hun, ac mai o'i llwynau hi y ganwyd Ceidwad i'r holl ddaear.

Diolchwn i ti am ein cymdogion, cenhedloedd Ewrop, ac am bopeth da a gawsom drwyddynt mewn llên, celfyddyd, addysg a chrefydd. Gwelaist yn dda i wneuthur yn Ewrop ffynhonnau deffroadau a diwygiadau mawr, ac arweiniaist yr afonydd a lifai ohonynt i wareiddio a chyfoethogi bywyd ein cyndadau. Diolch i ti am oleuadau disglair dysg; ond maddau i ni am fethu â throi ein haddysg yn ddiwylliant, ac am i fendithion mawr ein hoes droi'n felltith a damnedigaeth yn ein dwylo. Yn arbennig, diolchwn i ti am ein cenedl ein hunain, ac am hen wlad annwyl Cymru, ei hanes a chyfoeth ei bywyd ar hyd y canrifoedd. Diolch i ti am ein hiaith bersain. O lestri hon yr yfasom y gwinoedd melysaf, iaith Dewi Sant ac iaith ein mamau, iaith ein hathrawon a'n cyfeillion, iaith ein heglwysi a'n haelwydydd. Cynorthwya ni i'w pharchu a'i chadw'n fyw.

Ac yn awr, O Arglwydd, erfyniwn arnat i wrando arnom ar ran dy deulu mawr. Cynorthwya ni i adfer heddwch rhwng y cenhedloedd. Maddau i ni ein diofalwch a'n pechod yn goddef sylfeini mor dywodlyd i'n perthynas â'n gilydd, a dangos i ni oll ein cyfran o'r cyfrifoldeb am y rhyfel erchyll hwn sydd heddiw'n anrheithio'r ddaear. Dyro inni ras i gadw i lawr y nwydau dialgar, ac yn arbennig bob teimlad o hunangyfiawnder. Cynorthwya ni i weld y gorau sydd yn eraill; a chadw ni rhag tybio mai cael eu gwneud yn debyg i ni yw eu hangen, eithr yn debyg i ti. Diolch i ti fod lle yn y teulu i bob aelod ohono, a bod i bob un ei ddawn ei hun. Peraist fod gwahaniaeth rhwng seren a seren mewn gogoniant, ond fe gydganodd sêr y bore hefyd. Helpa ni, Gymry, pan ofynnwn heddiw am gael ein rhyddid yn ôl oddi wrth y genedl a'i dygodd oddi arnom, i wneud hynny mewn ysbryd addfwyn a maddeugar, heb ddannod na dial mewn unrhyw ffordd. Dangos i ni mai trwy wneud hyn yn ysbryd ein Harglwydd Iesu Grist y cyflawnwn ein cenhadaeth i addysgu'r byd yn ei ffyrdd ef. Corlanna'r cenhedloedd yn dy gariad. A chadw ein ffydd yn Efengyl y Cymod, rhag diffygio un amser. Amen.

S. B. Jones, *Sylfeini Heddwch*

69. Ymbiliau dros bobl y byd

Derbyn, O Arglwydd, ein hymbiliau ar ran dy fyd, a thrugarha wrth bawb sydd mewn angen am ddiddanwch a chymorth dy gariad:

pobl anghenus y byd; y newynog, y tlodion, y caethion a'r gorthrymedig sydd heb wybod am gariad Duw a heb brofi cariad cyd-ddyn;

pobl anhapus y byd; y galarus, yr unig, yr amddifad a'r diymgeledd, a'r rhai sydd heb neb i'w caru;

pobl anghyfrifol y byd; y rhai sy'n gorthrymu eraill, a'r rhai sy'n ddifater ynghylch adfyd eu cyd-ddyn a heb barch at Dduw na dyn;

pobl addfwyn y byd; y rhai sy'n tystio mewn gair a gweithred i ffydd dra rhagorol cariad Crist.

Ymgeledda hwy yn dy drugaredd, a dysg i ninnau edrych ar y byd a'i breswylwyr yng ngoleuni dy gariad di a mynegi dy gariad yn ein perthynas ag eraill. Gwna ni yn eofn ac yn ddewr yn y gwaith o gyfieithu cariad Crist, heb ofni pwerau'r byd na dirmyg a gwawd dynion.

Gofynnwn hyn yn enw ac yn haeddiant Iesu Grist ein Harglwydd. Amen.

Elfed ap Nefydd Roberts

70. Tad y goleuni

O Dad y goleuni, a Duw pob gwirionedd, glanha'r byd oddi wrth ei gyfeiliornad, ei drais, ei lygriadau a'i bechodau. Dymchwel luman Satan, a dyrchafa ym mhob man faner y Crist. Diddyma lywodraeth pechod, a sefydla ym mhob calon deyrnas gras. Bydded gostyngeiddrwydd yn drech na balchder ac uchelgais; caffed cariad y llaw uchaf ar gas a llid a malais; gorchfyged purdeb a chymedroldeb bob trythyllwch a rhysedd. Bydded addfwynder yn drech na nwyd, a thlodi ysbryd a dihunangarwch yn drech na chybydd-dod; a chariad at y byd a dderfydd. Ffynned Efengyl Crist trwy'r byd i gyd. Amen.

Emrys ap Iwan

71. FFOADURIAID

Gweddïwn dros ffoaduriaid.
Ni wyddom ni beth yw gadael y cartref a garwn mewn dychryn mawr a phryder.
Gweddïwn ar i genhedloedd gyd-fyw mewn heddwch.
Gweddïwn ar i grwpiau y tu mewn i genhedloedd gyd-fyw mewn heddwch.
Yn unig i'r graddau y bydd mwy o heddwch a chariad y bydd llai o ffoaduriaid.
Gweddïwn, O Arglwydd, ar i ti gynyddu cariad rhwng llwyth a hil a chenedl.
Gwyddom, er hynny, Arglwydd, fod yn rhaid i hyn ddechrau gyda ni.
Gweddïwn, felly, am dy fendith arnom ni, fel y dysgwn ni'n well i fyw mewn cariad. Amen.

Arglwydd, mae'r ddaear yn llawn
o enghreifftiau o atgasedd un grŵp o bobl at y llall.
Gall mamau a thadau fod yn angharedig wrth blant,
gall plant fod yn angharedig wrth ei gilydd;
gall pobl lawn-dwf ddolurio ei gilydd –
maddau inni, Arglwydd.
Maddau ein diffyg meddwl;
maddau ein hunanoldeb;
maddau ein casineb;
boed i bob act garedig a wnawn amlhau a lledaenu.
Dysg ni i garu'n gilydd yn fwy. Amen.

Wythnos Cymorth Cristnogol 1979, cyf. Emlyn a Huw Jenkins

72. FFRWYTHLON YW'R TIR

Arweinydd: Iesu, cofia dy frodyr a chwiorydd sy'n berchen ar ystadau enfawr, tra bo miliynau aneirif heb dir o gwbl.
Gweddïwn yn arbennig dros ...

Pawb: Ffrwythlon yw'r tir sydd trwy Air sanctaidd Duw yn rhoi bywyd i bawb.

Arweinydd: Iesu, cofia dy frodyr a chwiorydd sy'n dod o hyd i ffyrdd cyfreithlon o osgoi rhoi tir i'r rhai sydd heb dir.
Gweddïwn yn arbennig dros ...

Pawb: Ffrwythlon yw'r tir sydd trwy Air sanctaidd Duw yn rhoi bywyd i bawb.

Arweinydd: Iesu, cofia dy frodyr a chwiorydd yn y lluoedd arfog, sy'n gyrru pobl o'u pentrefi ac o'u caeau.
Gweddïwn yn arbennig dros ...

Pawb: Ffrwythlon yw'r tir sydd trwy Air sanctaidd Duw yn rhoi bywyd i bawb.

Arweinydd: Iesu, cofia dy frodyr a chwiorydd sy'n llafurio ar dir pobl eraill, ac sy'n cael eu bygwth a'u cam-drin am eu bod yn ymdrechu i gael cyflog digonol a sicrwydd gwaith.
Gweddïwn yn arbennig dros ...

Pawb: Ffrwythlon yw'r tir sydd trwy Air sanctaidd Duw yn rhoi bywyd i bawb.

Arweinydd: Iesu, cofia dy frodyr a chwiorydd sydd heb dir ac yn byw mewn trefi sianti ac yn ailgylchu sbwriel er mwyn bwydo'u plant.
Gweddïwn yn arbennig dros ...

Pawb: **Ffrwythlon yw'r tir sydd trwy Air sanctaidd Duw yn rhoi bywyd i bawb.**

Arweinydd: Iesu, cofia dy frodyr a chwiorydd sydd â chaeau o dir gwael ar lethrau serth ac sy'n gorfod adeiladu a thrwsio terasau er mwyn arbed y pridd.
Gweddïwn yn arbennig dros ...

Pawb: **Ffrwythlon yw'r tir sydd trwy Air sanctaidd Duw yn rhoi bywyd i bawb.**

Kate McIlhagga, Cymuned Iona, yr Alban

73. IECHYD

Arglwydd,
diolch i ti am ein hiechyd,
am fwyd maethlon i gryfhau ein cyrff,
am ddŵr glân i'w yfed ac i ymolchi ag ef,
am ddillad cynnes i gadw'r oerfel draw.
Diolch i ti am ein gwasanaeth iechyd,
am chwistrellau i atal heintiau,
am feddygon i wella'n salwch,
am weinyddesau i ofalu amdanom pan awn i'r ysbyty.
Mae cymaint gennym i ddiolch amdano.

Arglwydd,
gweddïwn dros y rhai sy'n glaf;
cofiwn yn arbennig am y rhai sydd heb fwyd ac sy'n newynog,
plant bach sy'n cael dim ond ychydig o fwyd
ac yn dioddef o ddiffyg maeth,
y rhai sy'n gorfod yfed dŵr amhur,
y rhai sy'n byw filltiroedd ar filltiroedd o gyrraedd meddyg ac ysbytai.
Gweddïwn ar i bobl y byd ddod i garu a gwasanaethu ei gilydd fel y gall pawb edrych ymlaen at fywyd iach.

Wythnos Cymorth Cristnogol 1980, cyf. Mair Williams

74. LITWRGI O ETHIOPIA

Gadewch i ni weddïo:
Dros y byd cyfan gofynnwn
i Dduw brysuro ei fwriad,
a phlannu ym meddwl pob un
yr ewyllys i wneud yr hyn sydd dda,
i ddwyn gobaith i'r bobl a'r cenhedloedd
sydd wedi'u caethiwo mewn tlodi,
er mwyn y rhai y gwyddom amdanynt
a'r rhai na wyddom amdanynt,
ond sy'n hollol wybyddus i Dduw.

Dros y newynog a'r sychedig, gofynnwn
i Dduw roi eu bara beunyddiol iddynt.

Dros y trist a'r galarus, gofynnwn
i Dduw roi diddanwch perffaith iddynt.

Dros y carcharorion, gofynnwn
i Dduw ddatod eu rhwymau.

Dros y claf a'r galarus, gofynnwn
i Dduw eu hiacháu a thrugarhau a thosturio wrthynt.

Am y glawogydd, gofynnwn
i Dduw eu hanfon ar y mannau hynny sydd angen glaw.

Am ddyfroedd yr afonydd, gofynnwn
i Dduw eu llenwi hyd at eu hymylon.

Am ffrwythau'r ddaear, gofynnwn
i Dduw roi i'r ddaear ei ffrwyth, i'w blannu a'i fedi.

A thros bob un ohonom sy'n gofyn mewn gweddi,
bydded i Dduw ein gorchuddio ni ag ysbryd tangnefedd,
gan roi inni ras, a goleuo llygaid ein calonnau. Amen.

Wythnos Cymorth Cristnogol 1998, cyf. Cynthia Saunders Davies

75. O INDIA

Gweddïwn arnat â'n dwylo ymhleth:
O Dduw, amddiffyn dy blant i gyd.
Na fydded unrhyw alar na chwerthin ffug.
Dyro inni ddoethineb;
dyro inni nerth;
y rhai sy'n dysgu
a'r rhai sy'n cael eu dysgu,
dangos y ffordd i ni.
Na fydded cysgodion;
bydded goleuni'n wastadol.
Gweddïwn arnat â'n dwylo ymhleth:
O Dduw, amddiffyn dy blant i gyd.
Amen.

Wythnos Cymorth Cristnogol 2000, cyf. Cynthia Saunders Davies

76. O WERINIAETH DOMINICA

Mae'r haul yn cynnig rhodd ei gynhesrwydd,
mae'r môr yn cynnig rhodd o ddŵr,
mae'r mynyddoedd yn rhoi eu hoerni a'u prydferthwch,
mae'r awel yn adfywio'r greadigaeth.
Down ninnau hefyd â'n rhoddion er mwyn i bawb gael bywyd.
Arglwydd, defnyddia hwy i lenwi'r ddaear â heddwch a chyfiawnder,
fel y gall pob cartref gael ei fara beunyddiol.
Amen.

Wythnos Cymorth Cristnogol 2004, cyf. Cynthia Saunders Davies

77. CRIST Y WINWYDDEN

Ti, Iesu Grist, yw'r winwydden,
a ni yw'r canghennau;
nid oes unrhyw ddau ddarn o'r goeden yr un fath,
ond fe'n galwyd gennyt ti,
yn yr hwn y mae ein gwreiddiau,
i fod yn ffyddlon ac yn ffrwythlon,
i berthyn, i garu, i weithredu ac i weddïo dros ein gilydd.

Wedi'n huno yn y winwydden, cofiwn mewn distawrwydd am y llefydd a'r bobl sydd ym mhenawdau'r newyddion heddiw, sydd angen ein gweddïau.
(Cyfnod o ddistawrwydd)
Arglwydd yn dy drugaredd, **gwrando ein gweddi**.

Cofiwn am y rheini sy'n byw gyda HIV/AIDS heddiw ac yn wynebu rhagfarn oherwydd anwybodaeth. Bydded i'w cyrff gael eu hesmwytho, a'u hysbrydoedd eu nerthu, i oresgyn y rhwystrau a osodir o'u blaen gan eraill.
(Cyfnod o ddistawrwydd)
Arglwydd yn dy drugaredd, **gwrando ein gweddi**.

Cofiwn am y miliynau o bobl ifanc a gollodd eu rhieni o ganlyniad i glefydau cysylltiedig â HIV ac sy'n brwydro i oroesi mewn sychder neu newyn, yn ogystal ag afiechyd. Na fydded iddynt weld marwolaeth heddiw ond yn hytrach obeithio am gael maeth yfory.
(Cyfnod o ddistawrwydd)
Arglwydd yn dy drugaredd, **gwrando ein gweddi**.

Cofiwn am bawb sydd wrthi heddiw'n gofalu am, yn cynghori ac yn dysgu oddi wrth bobl sy'n byw gyda HIV/AIDS. Bydded iddynt weld potensial pob person yn ogystal â'u problemau, a chael eu cynnal eu hunain a thyfu mewn dealltwriaeth.

(Cyfnod o ddistawrwydd)
Arglwydd yn dy drugaredd, **gwrando ein gweddi**.

Cofiwn am y llywodraethwyr a'r gwleidyddion hynny y mae eu penderfyniadau'n effeithio ar fywydau miliynau, er gwell neu er gwaeth. Bydded iddynt barchu urddas bywyd dynol a gwneud popeth yn eu gallu i symud beichiau'r tlawd.
(Cyfnod o ddistawrwydd)
Arglwydd yn dy drugaredd, **gwrando ein gweddi**.

Cofiwn am y gymuned feddygol a'r rhai sy'n gofalu am bobl sy'n byw gyda HIV/AIDS; gweddïwn dros y cwmnïau fferyllol sy'n datblygu cyffuriau a all achub bywydau. Bydded i'w hymdrechion i hybu iechyd fod yn llwyddiannus, ac na foed iddynt fyth gael eu temtio i roi elw o flaen pobl.
(Cyfnod o ddistawrwydd)
Arglwydd yn dy drugaredd, **gwrando ein gweddi**.

Gweddïwn drosom ein hunain, na fyddwn ni yn ein bywydau yn anghofio nac yn troi i ffwrdd oddi wrth HIV ac AIDS. Wedi'n gwreiddio yng Nghrist, boed i ni dyfu'n fwy ffrwythlon er mwyn dod â byd mwy cyfiawn a chariadus i fodolaeth.
(Cyfnod o ddistawrwydd)
Arglwydd yn dy drugaredd, **gwrando ein gweddi**.

O'r Alban, cyf. Cynthia Saunders Davies

EDIFEIRWCH A MADDEUANT

78. TAD CYFIAWN A THEG

O Arglwydd Dduw cyfiawn a theg, rwyt ti wedi'n rhybuddio trwy dy broffwyd Eseia:
'Pan ledwch eich dwylo mewn gweddi, trof fy llygaid ymaith ...'
Addefwn fod ein dwylo'n llawn gwaed; rydym yn byw ar gorn yr anghenus, yn masnachu ar draul y tlawd, yn adeiladu byd sy'n anghyfartal ac yn annheg. Maddau i ni am fethu amgyffred maint ein pechod, a'r dioddefaint a achosodd ein hunanoldeb hyd eithafoedd y byd. Agor ein llygaid i weld canlyniadau dinistriol ein ffordd o fyw, a dyro inni benderfyniad i godi ein llais o blaid y gwan. Rwyt ti yn ein hannog: 'Ceisiwch farn, achubwch gam y gorthrymedig, gofalwch dros yr amddifad, a chymerwch blaid y weddw.'

Fe wnaethost hyn eisoes yn Iesu Grist. Fe ddaeth ef i gyflawni dyhead dy broffwyd; fe'i heneiniwyd â'r Ysbryd Glân:

> '... i bregethu'r newydd da i dlodion,
> i gyhoeddi rhyddhad i garcharorion,
> ac adferiad golwg i ddeillion,
> i beri i'r gorthrymedig gerdded yn rhydd,
> i gyhoeddi blwyddyn ffafr yr Arglwydd.'

Ynddo ef rwyt wedi addo y cawn ni bechaduriaid brofi ffafr yr Arglwydd:

> 'Pe bai eich pechodau fel ysgarlad, fe fyddent cyn wynned â'r eira ...'

Fe fodlonodd dy Fab ufuddhau hyd yr eithaf; uniaethodd ei hun â'r digartref yn ei enedigaeth a'i weinidogaeth. Dioddefodd loes y gwrthodedig; bu fyw ar drugaredd a chardod; sychedodd am gyfiawnder; newynodd am heddwch; derbyniodd fygythiad yr awdurdodau; ni chafodd le i roi ei ben i lawr ond ar y groes. Yno fe ddioddefodd ergydion ein creulondeb eithaf ni; fe brofodd ing ein dynoliaeth a gefnodd ar Dduw. Er iddo deimlo dy fod di, O Dduw, wedi'i adael, fe'i hargyhoeddwyd nas gadawyd yr amddifad wrth iddo gyflwyno'i ysbryd i'th ofal di, o Dad.

Er i ni droi cefn ar dy fwriadau di, O Dad, diolchwn am y sicrwydd nad wyt ti wedi'n gadael ni. Fel y mae'r ych yn adnabod y sawl a'i biau, a'r asyn yn adnabod preseb ei berchennog, gad i ni dy adnabod di o'r newydd fel y Duw sy'n ein tywys i ochri gyda'r tlawd, i godi llais dros yr anghenus. Gad inni ddeall beth yw hanfod dy gyfiawnder: nid cyfiawnder i ni ein hunain yn unig, ond cyfiawnder i bob un. Hyn sy'n amod heddwch i'r holl fyd.

Yn anad dim, dwysbiga ein cydwybod â'r gwirionedd fod dyn yn rhy fawr i gardod. Nid cardod ond cyfiawnder yw d'ewyllys di i bob cenedl ac unigolyn. Dyro i ni'r dewrder i annog arweinwyr ein gwlad a holl wledydd y byd i roi lle i'th economeg gyfiawn di. Rwyt ti'n gwrthwynebu trachwant y trahaus, ac yn bwriadu i adnoddau dy fyd gael eu rhannu'n deg ymhlith yr holl bobloedd. Rho weledigaeth newydd i arweinwyr ein byd o'th fwriad daionus di. O ufuddhau, caiff pawb fwyta o ddaioni'r tir; o wrthod, a gwrthryfela yn erbyn dy ewyllys, fe'n difrodir gan drais anochel ein hunanoldeb ni.

Gwared ni, gwared dy fyd, o Dad cyfiawn a theg, trwy Iesu Grist, ac yntau'n gyfoethog, a ddaeth yn dlawd drosom ni, er mwyn i ni ddod yn gyfoethog trwy ei dlodi ef. Amen.

Saunders Davies

79. LITWRGI COVENTRY

Arweinydd: Y casineb sy'n rhannu cenedl oddi wrth genedl, hil oddi wrth hil, dosbarth oddi wrth ddosbarth -

Pawb: O Dad, maddau.

Arweinydd: Y rhaib sy'n camddefnyddio llafur dynol ac yn diffeithio'r ddaear –

Pawb: O Dad, maddau.

Arweinydd: Y genfigen wrth les a hapusrwydd pobl eraill –

Pawb: O Dad, maddau.

Arweinydd: Ein difrawder yn wyneb cyflwr y digartref a'r ffoadur –

Pawb: O Dad, maddau.

Arweinydd: Y trachwant sy'n defnyddio cyrff dynion a menywod i amcanion annheilwng –

Pawb: O Dad, maddau.

Arweinydd: Y balchder sy'n ein harwain i ymddiried ynom ein hunain yn hytrach nag yn Nuw –

Pawb: O Dad, maddau.

Arweinydd: Byddwch yn dirion wrth eich gilydd, yn dyner eich calon, yn maddau i'ch gilydd fel y maddeuodd Duw yng Nghrist i chwi.

Cyf. Aled ap Gwynedd

80. PLANT I DDUW

O Arglwydd, yr wyt yn ein caru fel tad
ac yn gofalu amdanom fel mam,
a daethost i rannu'n bywyd fel brawd.
Cyffeswn ein methiant i fyw fel dy blant,
yn frodyr a chwiorydd wedi'n clymu yn dy gariad.

Arglwydd, mae ein calonnau'n drwm o dristwch
am yr hyn a wnaethom.
Rydym wedi caethiwo pobl i dlodi,
ac aethom yn ddi-hid am eu tynged
gan fodloni ar roi elusen pan gyffyrddir â'n teimladau,
ond nid oes ynom yr ewyllys i orseddu cyfiawnder.

Yr ydym wedi camddefnyddio'r bywyd a roddaist i ni'n rhodd;
y mae'r bywyd da sy'n eiddo i rai
wedi ei adeiladu ar brinder a phoen llawer,
a phleserau'r ychydig ar wewyr miliynau.

Rydym wedi ymelwa ar ein brodyr a'n chwiorydd
yn ein trachwant am feddiannu mwy a mwy;
gwnaethom elynion o eraill
wrth geisio sicrhau bywyd i ni ein hunain,
fel pe na bai Iesu wedi marw dros bawb.
O Arglwydd, maddau i ni am wadu bywyd yn ein hymgais am fywyd,
a dysg ni o'r newydd beth yw bod yn blant i ti.

Cwlwm o Weddiau

81. LITANI'R ELFENNAU

(Y pedair elfen yw daear, awyr, tân a dŵr)

Arweinydd: Daear, awyr, tân a dŵr yw symbolau bywyd, yn ôl hen draddodiad. Mae ein caethiwed i bechod wedi golygu y gall yr elfennau hyn hefyd gario marwolaeth.

Bywyd: Myfi yw bywyd. Rwy'n rhoi daear i'w rhannu'n deg rhwng merched a meibion Duw – pridd i dyfu planhigion er mwyn diwallu bywyd y blaned a rhoi bara i'r holl fyd.

(Gellir cyflwyno llestr llawn pridd)

Marwolaeth: Myfi yw marwolaeth. Rwy'n cymryd y ddaear i ffwrdd oddi wrth y mwyafrif ac yn ei rhoi i'r lleiafrif. Rwy'n ei cham-drin a'i gorddefnyddio. Rwy'n gwastraffu ei bara tra bod llaweroedd yn newynu.

Arweinydd: O Dduw, a wisgodd ein clai ym mherson y Crist,
cyffeswn na wnaethom rannu'r tir yn deg;
torasom y ddolen sy'n ein cysylltu â'r ddaear ac â'n gilydd.

Pawb: Maddau i ni; rydym wedi dewis marwolaeth.
Hiraethwn am iachâd; dewiswn dy fywyd di.

Bywyd: Rwy'n rhoi awyr ar gyfer anadlu,
ar gyfer egni a rhyferthwy'r gwynt,
er mwyn i adar hedfan a'r hadau wasgaru.
Nid oes terfynau ar yr awyr;
rydym i gyd yn rhannu anadl bywyd.

(Gellir cyflwyno plu a hadau hedfan, neu gellir gwneud ystum breichiau agored fel pe i gyflwyno'r awyr o gwmpas)

Marwolaeth: Rwy'n llanw'r awyr â nwyon gwenwynllyd y mae'n rhaid i bawb eu hanadlu ac sydd yn araf ddatglymu edafedd y bydysawd.

Arweinydd: O Dduw, a anadlodd anadl bywyd i mewn i'n byd,
cyffeswn i ni ddifwyno'r awyr;
ni fedrwn deimlo harmoni dy gread.

Pawb: Maddau i ni; rydym wedi dewis marwolaeth.
Hiraethwn am iachâd; dewiswn dy fywyd di.

Bywyd: Rwy'n rhoi tân i rannu golau a chynhesrwydd, i buro ac i nerthu. Mae tân yn ein tynnu at ein gilydd mewn cyfeillach o gwmpas pryd o fwyd a baratowyd ac a rannwyd gan bawb.

(Gellir cyflwyno cannwyll)

Marwolaeth: Rwy'n defnyddio tân i'm dibenion treisgar i.
Rwy'n llosgi coedwigoedd ac yn tagu'r awyr.
Rwy'n rhoi egni'r ddaear i'r goludog ei wastraffu.
Rwy'n gwrthod i'r tlawd eu tanwydd coginio.

Arweinydd: O Dduw, colofn o dân a fflam y Pentecost,
cyffeswn y diffyg tân o'n mewn
fel y gwneler dy gyfiawnder
ac y rhanner dy dangnefedd ar y ddaear.

Pawb: Maddau i ni; rydym wedi dewis marwolaeth.
Hiraethwn am iachâd; dewiswn dy fywyd di.

Bywyd: Rwy'n rhoi dŵr i'w yfed ac i lanhau;
i fod yn wythiennau a rhydwelïau'r tir.
Rwy'n rhoi tonnau cryfion i greu ynni,
a llynnoedd llonydd i dawelu'r ysbryd.

(Gellir cyflwyno dysgl o ddŵr neu daflu diferion o ddŵr dros y gynulleidfa)

Marwolaeth: Rwy'n difwyno'r dŵr â gwastraff y mwynfeydd a'r ffatrïoedd i wenwyno'r pysgod, i gario afiechydon ac i roi blas chwerw ar ddŵr yfed. Rwy'n sugno'r dŵr o'r tir i greu anialwch. Rwy'n ymchwyddo dyfroedd y môr ac yn boddi dinasoedd.

Arweinydd: O Dduw, ffynnon dyfroedd byw,
cyffeswn ein bod fel piseri wedi torri –
heb dawelwch i wrando ar dy air
a heb egni i'w weithredu.

Pawb: Maddau i ni; rydym wedi dewis marwolaeth.
Hiraethwn am iachâd; dewiswn dy fywyd di.

Arweinydd: Duw'r ddaear, awyr, tân a dŵr,
ildiwn i ti ein hen natur ddynol.

Pawb: Crist, mynnwn atgyfodi gyda thi.
Mynnwn gael ein geni drachefn.

Arweinydd: Crist a fu farw: Crist a gyfodwyd.
Maddeuwyd i ni: medrwn ninnau godi o'r bedd.

Kate Compston, Lloegr, cyf. Elenid Jones a Dewi Lloyd Lewis

82. PWYSAU ANNIODDEFOL

Arweinydd: O Dduw, yr wyt ti wedi'n gwahodd i ddod atat
gan ddiosg ein beichiau.
Cyffeswn ein rhan ni ym mhechod y byd:
gosodwn ger dy fron di'r dioddefaint
a welwn ar y newyddion,
y beichiau trwm yr ydym yn eu rhoi
i eraill i'w cario,
p'run ai ydym ni'n ymwybodol o hynny ai peidio.
Mae cofio amdanynt yn boen i ni.

Pawb: Mae eu pwysau yn annioddefol.

Arweinydd: Gosodwn ger dy fron di
y bwlch cynyddol rhwng y tlawd a'r cyfoethog,
y polisïau economaidd sy'n hybu hunanoldeb
ac yn dinistrio ysbryd cymunedol
yma ac ar draws y byd.
Mae cofio amdanynt yn boen i ni.

Pawb: Mae eu pwysau yn annioddefol.

Arweinydd: Gosodwn ger dy fron di weithgareddau'r
cyrff byd-eang yr ydym yn cyfrannu tuag atynt,
sy'n niweidio'r rhai tlotaf
ac yn eu gadael yn anghenus;
y safonau dwbl sy'n cael eu defnyddio
i amddiffyn y cyfoethog
a gadael y tlawd yn ddiymgeledd.
Mae cofio amdanynt yn boen i ni.

Pawb: Mae eu pwysau yn annioddefol.

Arweinydd: Gosodwn ger dy fron di ein beichiau trymaf ni:
ein hamharodrwydd i edifarhau,
ein hawydd i anghofio,
ein hymdrechion blinedig i gredu
nad oes a wnelo'r pechod hwn,
y dioddefiadau hyn, ddim â ni.
Mae cofio amdanynt yn boen i ni.

Pawb: Mae eu pwysau yn annioddefol.

Janet Morley, cyf. Cynthia Saunders Davies

83. PLANT ANUFUDD

Dad nefol, deuwn atat ti fel plant anufudd; cyffeswn ein bod ni, yn yr hyn a wnaethom ac a ddywedasom, ac yn yr hyn na wnaethom ac na ddywedasom, wedi methu byw fel yr wyt ti am i ni fyw. Maddau i ni fod ein prysurdeb, ein blinder, neu ein teimladau o annheilyngdod, wedi'n hatal ni rhag arddangos dy gariad di yn y byd; deffro ynom awydd newydd i fyw ac i weithio i ti, gan ddefnyddio'r doniau a'r gallu a roddaist i ni.

Bydded i Dduw'r Tad, a addawodd inni nefoedd newydd a daear newydd, faddau inni am bechu yn erbyn ei fyd; bydded i Dduw'r Mab, a ddaeth i'n byd i iacháu ac i achub, faddau inni am bechu yn erbyn ei blant; a bydded i Dduw'r Ysbryd Glân ein harwain a'n hadnewyddu mewn cariad a gwasanaeth i'n gilydd ac iddo ef. Amen.

Wythnos Cymorth Cristnogol 2001, cyf. Cynthia Saunders Davies

84. LITWRGI O ETHIOPIA

Arglwydd pob sancteiddrwydd,
pan ddyneswn at dy ogoniant
rydym yn ymwybodol o'n heuogrwydd,
yn ymwybodol o euogrwydd ein pobl
mewn byd lle mae cymaint yn byw mewn caledi.
Teimlwn ein bod ar goll,
heb fedru gwneud dim na newid dim.
Yr wyt ti'n cynnig gobaith i ni,
ond yr ydym yn ei ofni.
Yr wyt ti'n dwyn geiriau'r bywyd i ni,
ond mae ein geiriau ni'n llawn anobaith;
mae ein gwefusau'n aflan.
Cyffwrdd ein gwefusau â'th dân sanctaidd,
glanha ni a thyn ymaith ein heuogrwydd.
Gwna ein calonnau'n barod i ddweud:

'Dyma fi, Arglwydd, anfon fi.'

(Tawelwch)

O Arglwydd, bydd gyda ni a bendithia ni,
oherwydd ti yw'r un sy'n maddau pechodau.
Ti yw goleuni ein heneidiau,
ein bywyd a'n nerth,
ein gobaith a'n hamddiffynfa.

Wythnos Cymorth Cristnogol 1998, cyf. Cynthia Saunders Davies

85. O'R PILIPINAS

Arglwydd, maddau i ni,
oherwydd rydym yn bobl ar chwâl.
Awn i sawl cyfeiriad ar unwaith.
Cyrchwn at wahanol nodau,
gwasanaethwn wahanol achosion.
Pregethwn gyfiawnder
a cherddwn mewn anghyfiawnder.
Gwaeddwn heddwch
a chyflawnwn drais.
Gweddïwn am fywyd
a deliwn mewn marwolaeth.
Yn dy dosturi, trugarha wrthym
a gwna ni'n gyfan.
Boed i'th feddyliau di ddod yn feddyliau i ni,
a'th ffyrdd di yn ffyrdd i ni,
trwy Iesu Grist. Amen.

Wythnos Cymorth Cristnogol 1993, cyf. Cynthia Saunders Davies

86. Siomi Duw

Arweinydd: Gwyddom ein bod ni'n dod at Dduw fel pobl sydd wedi syrthio'n brin o'r nod y mae ef wedi ei osod i ni. Cyffeswn ein bod ni ein hunain a'n cymunedau wedi pechu trwy'r hyn a wnaethom a'r hyn na wnaethom.

Arglwydd Dduw, rydym yn dy siomi pan roddwn ein hunain o flaen eraill heb ddangos iddynt dy gariad di sydd yn ein huno.

Pawb: **Arglwydd trugarha.**

Arweinydd: Arglwydd Dduw, rydym yn dy siomi pan na fyddwn yn cydweithredu yn erbyn yr anghyfiawnder sydd yn y byd.

Pawb: **Crist trugarha.**

Arweinydd: Arglwydd Dduw, rydym yn dy siomi pan nad ydym yn cyflwyno newyddion da d'Efengyl i eraill.

Pawb: **Arglwydd trugarha.**

Arweinydd: Bydded i Dduw Hollalluog, sy'n gofyn i ni newid ein ffyrdd ac ymddwyn yn gyfiawn tuag at ein gilydd, faddau i ni, ein rhyddhau o'n pechodau, ein cadarnhau trwy ei Ysbryd a'n codi i fywyd newydd yng Nghrist. Amen.

Wythnos Cymorth Cristnogol 2002, cyf. Cynthia Saunders Davies

87. Maddau inni

Arweinydd: Cydnabyddwn gerbron Duw yr adegau hynny pan na wnaethom garu eraill yn y ffordd y carodd Iesu ni. Rydym yn bobl sy'n awyddus i wneud yn dda, ond yn araf i wneud daioni. Cyffeswn hyn i Arglwydd bywyd.

Pawb: Yn dy drugaredd, Arglwydd, maddau inni.

Arweinydd: Rydym yn bobl sy'n awyddus i arbed amser ond yn gyndyn i roi amser. Cyffeswn hyn i Arglwydd bywyd.

Pawb: Yn dy drugaredd, Arglwydd, maddau inni.

Arweinydd: Rydym yn bobl sy'n awyddus i wella ein bywydau, ond yn araf i wella ein byd. Cyffeswn hyn i Arglwydd bywyd.

Pawb: Yn dy drugaredd, Arglwydd, maddau inni.

Arweinydd: Ac eto, ychydig o bobl sy'n mwynhau adnoddau'r ddaear, ac ni chaiff pawb gyfran ohonynt. Cyffeswn hyn i Arglwydd bywyd.

Pawb: Yn dy drugaredd, Arglwydd, maddau inni.

Arweinydd: Bydded i'n Duw graslon faddau inni a'n gwneud ni'n bobl deilwng ohono ef – yn ein bywyd, trwy farwolaeth, ac am dragwyddoldeb. Amen.

Wythnos Cymorth Cristnogol 2004, cyf. Cynthia Saunders Davies

88. ADDEWID DUW FFYDDLON

Arweinydd: Daeth Iesu, nid i ymweld â'r byd, ond i fyw ynddo.
Trwy'r Ysbryd Glân rhoes i ni ragflas o'r bywyd newydd sydd i ddod.
Gadewch i ni weddïo.

Bendithiwn di, Dduw fythol-ffyddlon.
Mae dy fyd yn dal i droi,
a'r tymhorau'n mynd a dod.
Er bod yr hinsawdd yn newid,
mae'r enfys yn dal i'n hatgoffa ni am d'addewid
i beidio â dinistrio'r hyn a greaist.
Mae dynoliaeth yn dal i gario dy ddelw,
mae gallu Crist yn dal i iacháu ac argyhoeddi,
mae dy Ysbryd di gyda ni o hyd.

Pawb: Bendithiwn di, Dduw fythol-ffyddlon.

Arweinydd: Ac eto, pe baem yn meddwl gormod,
fe allem grynu;
mae'r byd a'i ffrwythlondeb dan fygythiad,
nid fel rhan o'th gynllun di,
ond oherwydd ein bod ni yn ein trachwant
yn ei lygru;
rydym yn creithio dy ddelw di ar ddynoliaeth
bob tro rydym wedi ceisio tra-arglwyddiaethu
ar eraill;
rydym wedi cyfaddawdu'r Efengyl
sy'n trawsffurfio
bob tro rydym wedi rhoi ein cysur ein hunain o
flaen dy wirionedd di.
Am i ni fod yn fyddar i ocheneidiau'r greadigaeth,
am i ni fod yn ddall i sefyllfa'r tlawd,
am i ni fethu gwrthsefyll temtasiwn braint;

deuwn gerbron dy fawredd
gan ofyn am dy faddeuant i ni ein hunain ac i'n cenhedloedd.
Arglwydd trugarha wrthym.

Pawb: **Crist, trugarha wrthym.**

Arweinydd: Arglwydd, trugarha wrthym.
Mae'r Duw a fendithiwn yn dal yn ffyddlon.
Mae addewid Duw i faddau i'r rhai sy'n edifarhau yn dal i sefyll.
Mae galwad Duw i weithredu cyfiawnder, i garu trugaredd a rhodio'n ostyngedig,
yn dal mewn grym.
Diolch a fo i Dduw.

Pawb: **Amen.**

Anad. Wythnos Cymorth Cristnogol 2007

89. Duw cariadus

Dduw cariadus –
Rydym wedi pechu yn dy erbyn di ac yn erbyn y rhai sydd o bwys i ti.
Troesom ein golwg ymaith oddi wrth y rhai sy'n dyheu am newid.
Nid ydym wedi clywed y rhai sy'n siarad dros gariad.
Weithiau bu'n calonnau'n oer.
Arglwydd, maddau i ni a thrawsffurfia ni.
Helpa ni i weld â'th lygaid di.
Helpa ni i wrando fel taset ti'n llefaru.
Dangos i ni sut mae byw fel rhai sy'n credu mewn yfory newydd.
Trwy Iesu Grist ein Harglwydd, a fu'n cydgerdded gyda ni. Amen.

Bydded i'n Duw, sy'n gariad ac sy'n gwneud pob peth yn newydd, faddau i ni a'n hadnewyddu, ein tynnu ni'n agos ato a chynhesu ein calonnau. Amen.

Wythnos Cymorth Cristnogol 2010

90. Maddau i'th eglwys

Arglwydd Dduw, Hollalluog,
maddau i'th Eglwys
ei chyfoeth ymhlith y tlodion,
ei hofn ymhlith yr anghyfiawn,
ei llwfrdra ymhlith y gorthrymedig;
maddau i ni, dy blant,
ein diffyg hyder ynot ti,
ein diffyg gobaith yn dy deyrnasiad,
ein diffyg ffydd yn dy bresenoldeb,
ein diffyg ymddiriedaeth yn dy drugaredd.
Adfer ni i'th gyfamod â'th bobl;
dwg ni i wir edifeirwch.
Dysg ni i dderbyn aberth Crist,
a gwna ni'n gryf yn niddanwch dy Ysbryd Glân.
Dadfeilia ni lle rydym yn falch.
Adeilada ni lle rydym yn wan.
Cywilyddia ni lle rydym yn ymddiried ynom ein hunain.
Rho enw newydd i ni lle rydym wedi ein colli'n hunain.
Trwy Iesu Grist ein Harglwydd. Amen.

Teulu Duw yn Addoli

91. SYCHEDWN AMDANAT

Arweinydd: O Arglwydd, mae ein calonnau'n drwm
gan ddioddefiadau'r oesoedd,
gan groesgadau a holocostau
mil miloedd o flynyddoedd.
Mae gwaed y dioddefwyr yn dal yn gynnes.
Mae cri eu hing yn dal i lanw'r nos.
Atat ti y codwn ein dwylo estynedig –
Pawb: Sychedwn amdanat mewn tir sychedig.

Arweinydd: O Arglwydd, sy'n ein caru fel tad,
sy'n gofalu amdanom fel mam,
a ddaeth i rannu'n bywyd fel brawd;
cyffeswn ein methiant i fyw fel dy blant,
brodyr a chwiorydd a rwymwyd ynghyd mewn cariad.
Atat ti y codwn ein dwylo estynedig –
Pawb: Sychedwn amdanat mewn tir sychedig.

Arweinydd: Rydym wedi gwastraffu'r rhodd o fywyd.
Mae bywyd braf yr ychydig
wedi ei adeiladu ar boen y llawer;
pleserau'r ychydig ar ing y miliynau.
Atat ti y codwn ein dwylo estynedig –
Pawb: Sychedwn amdanat mewn tir sychedig.

Arweinydd: Ceisiwn berchenogi mwy a mwy o bethau,
ceisiwn ddiogelwch a sicrwydd
a heddwch i ni ein hunain;
fel petai Iesu heb farw drosom oll.
Atat ti y codwn ein dwylo estynedig –
Pawb: Sychedwn amdanat mewn tir sychedig.

Arweinydd: O Arglwydd, maddau ein bod yn chwilio am fywyd
mewn modd sy'n gwadu bywyd i eraill,
a dysg ni o'r newydd ystyr bod yn blant i ti.
Atat ti y codwn ein dwylo estynedig –
Pawb: Sychedwn amdanat mewn tir sychedig.

Teulu Duw yn Addoli

92. TRAIS

Cyffeswn, O Arglwydd, ein bod yn byw
gyda nerthoedd demonaidd trais;
ein bod yn tyfu'n gyfoethog yn ddyddiol drwy orthrymu'r tlodion;
ein bod yn cysgu ar gynfasau gwynion hiliaeth;
ein bod yn dweud, 'Heddwch, Heddwch', heb wneud heddwch;
ein bod yn puteinio'n gwyddoniaeth a'n gwybodaeth yn achos rhyfel;
ein bod wedi gwneud y blaned hon yn beryglus i'n plant;
ein bod wedi colli ysbryd tangnefedd
yn rhuthr ein bywydau anhrefnus;
ein bod yn byw mewn amserau drygionus.
Felly rydym yn cyfranogi yn y trais trwy ein trais ein hunain,
trwy ein trais difrifol ni ein hunain.
Troesom ein hwynebau oddi wrth wyneb Crist a'r pethau a berthyn i heddwch.
Arglwydd, trugarha wrthym,
Grist, trugarha wrthym,
Arglwydd, trugarha wrthym.

Cymuned Iona, yr Alban

93. Arwriaeth yr Eglwys

Deisyfwn dy gymorth, O Dduw ein Tad, i gydnabod ein gwendidau a'n methiant fel aelodau o'th Eglwys. Maddau inni am anghofio gorchmynion dy Fab ac ychwanegu at y staeniau y mae'r byd yn eu gosod ar yr Eglwys. Maddau inni ein diffyg ffydd a gwroldeb.

Cofiwn ger dy fron am arwriaeth dy Eglwys yn y ganrif gyntaf ac am ei saint a'i merthyron ar hyd yr oesau. Dyro i ninnau o dân eu cariad at ei chenhadaeth yn ein cyfnod.

Gweddïwn ar i'th Eglwys fod yn ddewr yn ei safiad yn erbyn drygau ein dydd.
Gweddïwn ar i'r hen eto freuddwydio breuddwydion ac i'w haelodau ieuanc gael gweledigaethau; fel y bo'i meibion a'i merched yn proffwydo.

Agor ein llygaid o'r newydd i'w phrydferthwch, yn lân fel y lloer, yn glir fel yr haul, ac yn ofnadwy fel llu banerog. Cymorth ni yn awr i ymgysegru o'r newydd i adeiladu dy Eglwys yn ein bro. Er mwyn Iesu, dy Fab, derbyn ein gweddi. Amen.

Anad., *Gweddïo: Arweiniad Dyddiol i Faes Gweddi*

94. FFORDD CRIST

Ein Tad, maddau i ni ein cyfran yng nghreulondeb ein hoes, a gwared ni rhag bod yn anonest i'n cyfrifoldeb fel aelodau o Gorff Crist. Yn wyneb y gagendor rhwng y patrwm yng Nghrist a gweithrediadau'r cenhedloedd, cymorth ni, O Arglwydd, i adolygu ein bywyd fel y gwelwn ddiffygion ein tystiolaeth i egwyddorion dy deyrnas.

Caniatâ i ni weld ein bywyd yng ngoleuni dy feddyliau ac o dan ddylanwad dy Ysbryd, fel y'n gwneler yn wir edifeiriol, ac yr ymgysegrwn o'r newydd i'th waith.

Methasom, Arglwydd, â chymell Ffordd y Crist ar ddynion gan mor anodd yw iddynt wrthsefyll y cymell a'r gorfod a fu, ac y sydd arnynt i rodio'r ffordd arall.

Gwared ni, ein Tad, rhag gwyrdroi'r gwirionedd am ei fod yn ymddangos yn annerbyniol, a rhag bwrw ymaith ein hyder oherwydd blinder yr amser. Dihuna dy Ysbryd Glân ynom fel y dysgwn dy ewyllys, ac yr ymwrolwn i'w gwneuthur.

Defnyddia ddisgyblaeth gwae ac ing ein dyddiau i ddwyn byd ac eglwys i ddysgu gennyt y ffordd dra rhagorol, trwy Iesu Grist. Amen.

D. Morlais Jones: *Sylfeini Heddwch*

95. FFORDD Y BYWYD GWIR

O Arglwydd, dysg i ni dy lwybrau. Diolchwn i ti am bob cyfrwng a ddefnyddiaist i geisio ein dysgu. Traetha'r dydd dy fawredd a dengys y nos d'ogoniant. Cyhoeddodd gweledydd mai un ydwyt; dangosodd dy broffwydi dy fod yn sanctaidd, cyfiawn a da. Ond cefaist gyfrwng cymwys i ddadleniad cyfan o'th natur a'th ewyllys yn y Mab. Ynddo ef gwelwn mai Duw Dad ydwyt, ac mai dwyn y dyn a greaist ar dy ddelw i ymwybyddiaeth lawn o'i fabolaeth yw d' ewyllys.

Clodforwn d'enw am dy gariad mawr tuag atom: y cariad a fynnodd ei fynegi'i hun mewn rhodd – y gorau, yr unig-anedig – erom ni; y cariad sydd o hyd yn chwilio am gyfle i'w ddatguddio ei hun ynom ninnau. Maddau i ni, O Dad, am i ni siomi dy galon garedig mor aml. Bwriaist ti i lawr yng Nghrist bob rhagfur a ffin rhwng dynion a'i gilydd, heb nac Iddew na Groegwr, caeth na rhydd; ond codasom ni furiau a ffiniau ffug er mwyn cyfiawnhau ein gwanc am ysgubor lawnach. Gwared ni, O Arglwydd, rhag i ni golli ein henaid drwy wneud hyn. Na ad i ni gredu mai crynhoi'r cnydau a llenwi'r ysguboriau a ddwg i ni'r digonedd a gyflawna ein heisiau mawr. Nid oes a ddiwalla ein hanghenion dyfnaf ond y bara a ddaeth i waered o'r nef. Cymer oddi arnom, felly, y pethau afreidiol a wnaeth ein bywyd yn llwgr a bas, gwinoedd llwyddiant a hunanhyder a wnaeth ein deall yn fusgrell, ein gweledigaeth yn bŵl a'n cam yn ansicr; a dyro inni'r dŵr bywiol a bara'r bywyd.

Gweddïwn ar i'r un fendith fawr fod yn eiddo i bob un o blant d'aelwyd sy'n dy gydnabod fel tad, o bob llwyth ac iaith a chenedl. Boed i'n calonnau gael eu clymu gan rwymau dy gariad, ac i ni gael ein perffeithio yn y gras o gyd-ddioddef a chydlawenhau.

Cofiwn hefyd, ein Tad, am y plant afradlon a wrthododd gyngor dy gariad ac a droes bob un i'w ffordd ei hun. Yn dy ddawn ddwyfol – ti fytheiad y nef – dilyn hwynt hyd nes y delont atynt eu hunain a dychwelyd. Dyro hefyd ras i ninnau i fod yn garedig wrthynt. Gwyddost mor anodd gennym ni yng nghlydwch y cartref yw anwylo'r afradlon. O Arglwydd, a wnei di ein dysgu? 'Rhaid oedd llawenychu' – cynorthwya ni i ddeall rheidrwydd y cariad tadol a di-ildio. 'Dy gariad di sydd wedi dysgu'n cariad ni.' Gwna ni'n wir ddisgyblion i ti, fel y gallwn gofio'r afradlon a'r sawl a wna niwed i ni, heb ddymuno iddynt ddrwg mwy, fel y byddwn beunydd, trwy dy ras, yn medru erfyn arnat i beidio â chymryd dim oddi arnynt a'u llesola, ond rhoddi iddynt yn helaeth o'r llawenydd sy ger dy fron.

Dysg i bawb ohonom o'r newydd mai cyfrannu ac nid crafangu yw ffordd y bywyd gwir, ac mai trwy gydfeddiannu bywyd mewn cariad a chydymdeimlad y deuwn o hyd i'r bywyd heddychol, y bywyd tragwyddol, a geir yn unig drwy adnabod ein Harglwydd Iesu Grist. Amen.

Emlyn G. Jenkins

96. GOLEUNI DUW

Hollalluog Dduw, ti'r hwn wyt lanach dy lygaid nag y gelli edrych ar ddrwg, ac sydd hefyd yn llawn gras a gwirionedd, yn trugarhau ac yn ymgeleddu; atolygwn arnat ein cyfarwyddo â'th ysbryd sanctaidd, fel y deuwn ger dy fron yn wylaidd, yn edifeiriol, ac yn llawn hyder ffydd.

Diolchwn i ti am bob cyfle, rhodd a bendith a ddaeth i'n rhan, ac am bob gras a gawsom i'w mwynhau a'u defnyddio. Erfyniwn dy faddeuant am i ni, yn nallineb ein calon, yn ystyfnigrwydd ein hewyllys, ac yng nghaledwch ein natur, gamarfer dy ddaioni, camddefnyddio dy roddion, a methu â gweld ein cyfle'n aml. Trwy hynny, dygasom i fywyd anhunedd a thlodi, anhrefn a gwae, galar yn lle llawenydd, a therfysg yn lle tangnefedd.

Gweddïwn am ras i edrych ar fywyd yn d'oleuni di, ac o dy safbwynt di, fel y syrthia cen pob rhagfarn oddi ar ein llygaid, ac y symudir pob culni a chas o'n calon. Cymorth ni i roddi'r pris priodol ar y pethau sydd werthfawr yn d'olwg di. Llanwer ni ag ysbryd yr Arglwydd Iesu fel y byddwn barod i gynorthwyo'r truan a ysbeiliwyd ac a adawyd yn archolledig gan ladron. Dyro i ni law ysgafn i rwymo'i archollion, a chalon garedig i dywallt i'w friwiau olew a gwin, gan gyflawni'r cwbl yn dy enw ac er dy ogoniant.

Diolchwn i ti fod rhywrai ym mhob oes wedi clywed dy hyfrydlais ac wedi gwrando arnat, wedi ufuddhau i Dduw yn hytrach nag i ddynion, ac wedi aros gyda thi yn dy brofedigaethau, wedi arddel dy enw pan waeddai'r dyrfa megis cynt, 'Gollwng i ni Barabbas', wedi credu ynot pan y'th wrthodwyd gan ymerodraeth ac eglwys, bonedd a gwerin. Cadwa'u ffydd rhag pallu yn oriau'r prawf, a phâr iddynt weld yr orsedd y tu hwnt i'r groes.

Cynorthwya ni i fod yn ffyddlon i'r datguddiad uchaf a roed, a chredu i ti ddod i'n byd yn Iesu Grist, nid i ychwanegu at ein hanawsterau, ond i'n dysgu sut i feddiannu'r bywyd helaethach, ac i ennill y rhyddid sydd ryddid yn wir.

Cyflwynwn y byd i'th ofal. Ymgeledda ef â'th ras, a maddau i ninnau ein pechodau er mwyn Iesu Grist. Amen.

R. Lloyd Matthews

97. DYSG I NI WEDDÏO

Ein Tad, yr hwn wyt yn y nefoedd, dysg ni i weddïo fel y dylem. Credwn fod pawb yn gweddïo, mewn rhyw ffordd; ond y rheini a ddysgir gennyt ti yn unig sy'n gweddïo fel y dylent. Dyro i ni ostyngeiddrwydd y disgybl ac ufudd-dod y mab. Galluoga ni i gydnabod doethineb ac awdurdod yr ewyllys dwyfol.

Gwna ni'n dderbyngar ein hysbryd. Diolchwn am un a syrthiodd ar ei wyneb mewn gweddi daer tra oedd casineb a chreulonderau yn ei herio i sefyll ac ymsythu. Dysg i ninnau weld mai plygu i'th ewyllys di yw'r sefyll gorau oll.

Maddau i ni ein bod o hyd yn gofyn a oes ffordd arall yn bosibl. Tosturia wrthym am ein bod yn fynych yn gwneud ein trefniadau a'n cynlluniau, ac ar ôl hynny'n gofyn i ti i'w bendithio a'u hyrwyddo. Yn ein munudau gorau, diolchwn nad ydwyt yn ateb llawer o'n gweddïau. Parod ydym ni, gyda'n meddyliau hunangeisiol, i ofyn i ti i dreisio dy ddeddfau tragwyddol i'n cynorthwyo i osgoi canlyniadau ein pechod, heb inni ymostwng mewn edifeirwch ger dy fron.

Maddau i ni am geisio gwybodaeth heb fyfyrdod; am geisio daioni heb ddisgyblaeth; am geisio grawnwin oddi ar ddrain, a ffigys oddi ar ysgall.

Tosturia wrth ein dallineb yn ceisio diogelwch mewn rhyfel, a ninnau wedi torri holl ddeddfau diogelwch a thangnefedd. Dyro d'amddiffyn i ni trwy ein harwain yn ôl i'th lwybrau di, a phâr i ni ymwrando â'th ewyllys, er mwyn Iesu Grist. Amen.

T. Tegryn Davies

98. CREFYDD WAG

Arweinydd: Dywed yr Arglwydd: 'Y mae'n gas gan f'enaid eich newyddloerau a'ch gwyliau sefydlog; aethant yn faich arnaf, a blinais eu dwyn. Pan ledwch eich dwylo mewn gweddi, trof fy llygaid ymaith; er i chwi amlhau eich ymbil, ni fynnaf wrando arnoch. Y mae eich dwylo'n llawn gwaed; ymolchwch, ymlanhewch. Ewch â'ch gweithredoedd drwg o'm golwg; peidiwch â gwneud drwg, dysgwch wneud daioni. Ceisiwch farn, achubwch gam y gorthrymedig, amddiffynnwch yr amddifad, a chymerwch blaid y weddw.'

Pawb: Daw gair yr Arglwydd atom drwy'r proffwydi –
os na hyrwyddwn gyfiawnder
mae'n haddoliad yn wallus.

Dduw, fe ganfyddwn ein hunain mewn sefyllfa ffug
wrth ymgasglu ger dy fron.
Sylweddolwn fod hiliaeth anghyfiawn
yn llochesu'n ddwfn o'n mewn, bob un ohonom,
a bod hyn yn wrthun yn dy olwg ac yn anghydnaws
â bywyd ac Efengyl Iesu, ein Crist.

Gwelsom arwyddion hiliaeth yn ein gwlad,
ond dewis troi'n golygon a wnaethom.
Clywsom gri'r bobol a orthrymwyd,
ond dewis cau'n clustiau a wnaethom.

Wedi i ni ganfod ein bod wedi dysgu
fersiwn llygredig o hanes,
caniatawn i'r hen fythau barhau.

Nawr gweddïwn y byddi di, Dduw,
yn maddau i ni, ac yn ein galluogi
i glirio'r cam a wnaed
fel bo gwir gyfiawnder yn llifo i'r holl bobol.

O Aotearoa (enw'r Maori am Seland Newydd)

99. BRODYR A CHWIORYDD

O Dduw ein Tad a'n Mam,
cyffeswn heddiw
fod dy feibion a'th ferched yng Nghrist wedi dy siomi.
Wedi'n meddiannu gan ein hofnau,
rydym wedi sathru a mathru'n gilydd.
Rydym wedi tagu tynerwch gwrywaidd
a'r meddwl creadigol benywaidd.
Cynorthwya'r gwragedd i ganfod chwaeroliaeth onest a bywiol.
Cynorthwya'r gwŷr i agor eu calonnau i'w gilydd
mewn gwir frawdoliaeth.
Cynorthwya ni i greu cymuned o frodyr a chwiorydd,
gŵr gyda gŵr, gwraig gyda gwraig, gwŷr gyda gwragedd.

Cynorthwya ni i rannu â'n gilydd ein poen a'n llawenydd,
ein hofnau a'n gobaith.
Gwared ni rhag yr oerni a'r pellter a all fod rhyngom,
a rhag dysgu difywyd,
a rhag ceisio'r flaenoriaeth i ni ein hunain, ac ymdrechu am rym.

Gweddïwn dros y rhai sy'n oedi rhag cyffesu dy enw.
Rwyt yn eu hadnabod ac yn gwybod am eu dyhead dirgel.
Paid â gadael i'th eglwys bechadurus a'i chanlynwyr ofnus
eu hatal hwy rhag dy geisio di.

Kerstin Lindqvist ac Ulla Bardh, Sweden

100. RHODIO YN Y GOLEUNI

Arweinydd: Wrth ddod i bresenoldeb yr Arglwydd, cofiwn ein methiant i weithredu'n unol â'r Efengyl a'n tuedd i hyrwyddo gwerthoedd sy'n groes i'r Efengyl.
Cofiwn eiriau'r Iesu:
'Nid pawb sy'n dweud wrthyf, "Arglwydd, Arglwydd", fydd yn mynd i mewn i deyrnas nefoedd, ond y sawl sy'n gwneud ewyllys fy Nhad, yr hwn sydd yn y nefoedd.'

Pawb: Ond buom yn treulio mwy o amser yn dadlau am ein traddodiadau, ein defodau a'n nodau allanol o ysbrydolrwydd.

Arweinydd: 'Yn wir, rwy'n dweud wrthych, yn gymaint ag i chwi ei wneud i un o'r lleiaf o'r rhain, fy nghymrodyr, i mi y gwnaethoch.'

Pawb: Ond buom yn poeni am ein hanghenion a'n cysuron ein hunain.
Methon ni edrych i wyneb y claf a'r anghenus.
Methon ni wrando ar y dioddefwyr a'r gorthrymedig.

Arweinydd: 'Câr yr Arglwydd dy Dduw â'th holl galon ac â'th holl enaid ac â'th holl nerth ac â'th holl feddwl.'

Pawb: Ond ceisiwn y cyfle i hyrwyddo ein diddordebau ein hunain, ac fe fethon ni roi'r flaenoriaeth yn ein bywydau i geisio Duw.

Arweinydd: 'Câr dy gymydog fel ti dy hun.'

Pawb: Ond rhown fwy o amser i geisio ein cysuron a'n huchelgeisiau hunanol.
Methon ni fod yn gymdogion, ac fe fethon ni ddeall ein cymdogion.

Arweinydd: 'Cod dy groes a chanlyn fi.'

Pawb: Ond edrychwn ar y Groes o bellter, a'i hystyried fel symbol; gwrthodwn ddeall ei pherthnasedd

	i'n bywydau. Buom yn ceisio trafod y Groes yn hytrach na gadael iddi hi ein trafod ni.
Arweinydd:	'Crea galon lân ynof, O Dduw, rho ysbryd newydd cadarn ynof.'
Pawb:	**'Aberthau Duw yw ysbryd drylliedig; calon ddrylliedig a churiedig ni ddirmygi, O Dduw.'**
Arweinydd:	'Hon yw'r genadwri yr ydym wedi ei chlywed ganddo ef, ac yr ydym yn ei chyhoeddi i chwi: goleuni yw Duw, ac nid oes ynddo ef ddim tywyllwch.
Pawb:	**Os dywedwn fod gennym gymundeb ag ef, a rhodio yn y tywyllwch, yr ydym yn dweud celwydd, ac nid ydym yn gwneud y gwirionedd; ond os rhodiwn yn y goleuni, fel y mae ef yn y goleuni, y mae gennym gymundeb â'n gilydd, ac y mae gwaed Iesu, ei Fab ef, yn ein glanhau ni o bob pechod.'**

O India

101. CALON I GARU

O Dduw, ti sy'n creu pob peth
drwy dy ddoethineb, a'th gariad, a'th allu;
dyro i ni lygaid i weld rhyfeddod dy weithredoedd,
calon i'th garu, ac ewyllys sy'n barod i'th wasanaethu.
Maddau i ni ein camddefnydd o'th roddion
a'n methiant i ganfod dy wir bwrpas i'n byd;
gwna ni'n ddiolchgar am dy holl roddion
ac yn fwy ffyddlon i'w defnyddio er lles i eraill:
trwy Iesu Grist ein Harglwydd. Amen.

Medi mewn Gorfoledd

102. RHODDWR BYWYD

Arweinydd: Roddwr bywyd, yng nghanol byd sydd wedi ei reibio, ochneidiwn gyda'r Cread:

Pawb: Arglwydd, trugarha wrthym. Crist, trugarha wrthym. Crist, trugarha wrthym.

Arweinydd: Roddwr bywyd, yng nghanol dyfroedd sydd wedi eu gwenwyno, ochneidiwn gyda'r Cread:

Pawb: Arglwydd, trugarha wrthym. Crist, trugarha wrthym. Crist, trugarha wrthym.

Arweinydd: Roddwr bywyd, yng nghanol awyr lygredig, ochneidiwn gyda'r Cread:

Pawb: Arglwydd, trugarha wrthym. Crist, trugarha wrthym. Crist, trugarha wrthym.

Arweinydd: Roddwr bywyd, yng nghanol mynyddoedd gwastraff, ochneidiwn gyda'r Cread:

Pawb: Arglwydd, trugarha wrthym. Crist, trugarha wrthym. Crist, trugarha wrthym.

Arweinydd: Roddwr bywyd, yng nghanol byd sy'n rhyfela, ochneidiwn gyda'r Cread:

Pawb: Arglwydd, trugarha wrthym. Crist, trugarha wrthym. Crist, trugarha wrthym.

Arweinydd: Roddwr bywyd, rydym ni a grëwyd ar lun a delw Duw wedi mynd ar gyfeiliorn, ac mae'r Cread yn ochneidio gyda ni:

Pawb: Arglwydd, trugarha wrthym. Crist, trugarha wrthym. Crist, trugarha wrthym.

O India

103. PLYGWN YN ISEL

Plygwn yn isel ac yn edifeiriol o'th flaen, O Arglwydd trugarog, a chyffeswn bob diffyg a gwendid sydd ynom.
Buom yn orhyderus gan ymddiried yn llwyr yn ein gallu ein hunain:
Maddau i ni, o Dad.
Aeth gofalon y byd hwn a hudoliaeth pleser yn drech na ni:
Maddau i ni, o Dad.
Gadawsom i anawsterau ein digalonni, a phallodd ein hamynedd:
Maddau i ni, o Dad.
Pylodd ein gweledigaeth, ac aethom yn llac a diofal yn ein gwaith:
Maddau i ni, o Dad.
Buom yn ddihidio yn wyneb camwri ac anghyfiawnder, ac yn anystyriol o anghenion ein cyd-ddynion:
Maddau i ni, o Dad.
Â'th hael Ysbryd, cynnal ni a chynorthwya ni i wregysu ein llwynau ac i ymroi i'th wasanaethu.

Elfed ap Nefydd Roberts

104. BRAWD YN BLENTYN I TI

Cyfaddefwn ein hanallu i weld ein brawd fel plentyn i ti, ein Tad, gan mor barod ydym i'w farnu yn ôl yr hyn a dybiwn ni sy'n ffaeleddau a gwendidau ynddo.
Rydym ni yn gwrthod lle'r wyt ti yn derbyn,
yn casáu lle'r wyt ti yn caru,
yn condemnio lle'r wyt ti yn maddau.
Dyro i ni'r gallu i fedru gweld ein gilydd fel y mae ein Brawd hynaf, Iesu Grist, yn ein gweld ni, a phawb arall o bobl y byd.
Crea ynom, O Arglwydd, yr awydd i sicrhau i eraill eu rhan yn y bendithion a'r breintiau a fwynheir gennym ni, fel y delo'r byd fwyfwy yn gartref mewn gwirionedd, a'i holl drigolion yn frodyr i'w gilydd dan arwydd y Groes.

Glyn Parry Jones

105. Cydweddïwn

Ein Tad, gweddïwn dros y rhai sy'n dioddef
o ganlyniadau rhyfel, trais a chreulondeb o bob math:
y rhai a glwyfwyd a'r rhai a ysbeiliwyd,
y rhai a garcharwyd a'r rhai a ddarniwyd.

Meddyliwn am garcharorion cydwybod ym mhobman,
a'r sawl sy'n dioddef oherwydd eu daliadau crefyddol,
moesol neu wleidyddol:
deisyfwn dy fendith ar yr ingol a'r unig.

Gweddïwn dros blant sy'n tyfu mewn
amgylchedd a chefndir treisgar,
yn meddwl, yn siarad ac yn chwarae'n rhyfelgar,
am na welsant ac na chlywsant ddim amgenach.

Rho iddynt her newydd,
ffyrdd newydd i brofi eu nerth,
ac ysbryd newydd i rannu pŵer, ac i fentro'n ddi-drais.

Gweddïwn dros ddynion a gyflyrwyd o'u plentyndod
i gredu fod grym braich a dwrn yn beth dynol,
a thros y dynion sy'n credu'n wahanol
ac o'r herwydd yn cael eu hystyried yn wan a llwfr.

O Grist, y Cymodwr, gweddïwn
am batrymau meddwl newydd,
am amgyffrediad newydd o'r gwerthoedd Cristnogol,
am weledigaeth newydd o'r byd
fel un gymdeithas ac un gymdogaeth,
am ddulliau newydd o drin a thrafod gwrthdaro rhyngwladol,
am ymdrechion newydd i wneud cyfeillion
o'r bobl hynny sy'n wahanol i ni,

am barodrwydd newydd i faddau a chymodi,
a ffydd newydd y gall y tangnefedd sydd uwchlaw pob deall
ymestyn allan i gofleidio'r byd.

Ein Tad, trown atat ti
i geisio'r heddwch yr wyt ti yn ei estyn i'r byd
trwy dy Fab, Iesu Grist:
yr heddwch na ŵyr y byd amdano.

Ceisiwn dy bresenoldeb di
mewn byd y caiff yr hunan ei orseddu ynddo;
ceisiwn d'arweiniad di
mewn byd y caiff mympwy dyn le mor amlwg ynddo;
ceisiwn dy nerth di
mewn byd y mae ynddo ildio parhaus i nerthoedd tra gwahanol.

Cyffeswn ein bod yn rhan
o'r byd hunanol, mympwyol a materol hwn,
a gofynnwn i ti faddau i ni,
fel unigolion ac fel eglwysi, am hynny.

Parotach ydym i gychwyn rhyfel nag i greu heddwch;
i ledaenu anghydfod nag i weithredu cymod;
i orseddu casineb nag i gyd-fyw mewn cariad;
i oddef anghyfiawnder nag i sefyll yn enw cyfiawnder;
i gynnal rhwyg nag i hyrwyddo tangnefedd.

Gweddïwn ar i Grist deyrnasu yn ein calonnau ac yn ein mysg,
ar aelwyd ac mewn cymdogaeth, ac ym mywyd y cenhedloedd,
fel na fyddo trais o unrhyw fath yn ein tir,
ac fel y caiff person ei gydio wrth berson,
cenedl wrth genedl, hil wrth hil.
Rho nerth i ni herio anghyfiawnder,

concro casineb a diddymu rhyfel;
y nerth a'n cymhwysa i fod yn wneuthurwyr
heddwch cyfiawn a chariadus;
er mwyn Iesu Grist, Tywysog ein tangnefedd.
Amen.

Anad.

106. Llwybrau Dewi Sant

Ein Duw a'n Tad trugarog, dy blant di ydyw holl genhedloedd y ddaear, ac nid gwiw gennyt weld un ohonynt yn cael cam. Nid dy ewyllys di yw cyfyngu o neb ar ein rhyddid, na marw o'n hiaith, na dirywio o'n pobl. Cofia am bob cenedl fach sy'n methu byw ei bywyd am fod cysgod gormes y cenhedloedd cryfion yn gorwedd arni. Maddau fusgrellni meibion a merched ein cenedl sy'n ddi-rym ei chenhadaeth i'r byd, a maddau fursendod y plant sy'n diystyru'r etifeddiaeth a roddaist. Dyro i ni gariad angerddol at heddwch, a dyhead i geisio rhodio'r llwybrau a rodiodd dy was Dewi Sant gynt. Amen.

Lewis Valentine

107. I MI Y GWNAETHOCH

Diolch i Ti, ein Tad dwyfol, am fyd cyfoethog i fyw ynddo. Diolch am gyfle ddydd ar ôl dydd i'th wasanaethu ynddo a thrwyddo.

Cyffeswn i ni fod yn hunanol yn ein mwynhad o gyfoeth a phrydferthwch dy fyd. Cyffeswn i ni fedi lle na heuasom, i ni weld yn ein cymdeithas arferion o brynu am bris isel a gwerthu am bris uchel, ac i ni fynd o'r tu arall heibio, er gwybod ohonom eiriau'r Iesu: 'Yn gymaint â'i wneuthur ohonoch i un o'r rhai hyn, fy mrodyr lleiaf, i mi y gwnaethoch.'

Arwain dy Eglwys, sef ni fel aelodau ohoni, i gartrefu'r ffoadur; i gynnal y tlawd ac i gofleidio'r amddifad; i ymwrthod â hunan-les; i orseddu cyfiawnder i bob cenedl, tegwch i bob gweithiwr a chymod i bob cylch o gymdeithas gan gofio geiriau'r Iesu: 'Yn gymaint â'i wneuthur ohonoch i un o'r rhai hyn, fy mrodyr lleiaf, i mi y gwnaethoch.'

Cyflwynwn i Ti, y Duw tragwyddol a Thad ein Harglwydd Iesu Grist, ein doniau oll, canys gwyddom mai i Ti y perthyn ein bywyd, a bywyd pawb. Gwyddom mai wedi eu hymddiried i ni gennyt Ti y mae'r cyfan a feddwn. Gan hynny, gweddïwn y bydd cariad Crist yn ein tynnu ato ef; y bydd gallu Crist yn ein cryfhau yn ei wasanaeth; ac y bydd gorfoledd Crist yn llenwi ein heneidiau, er mwyn dy ddelw yn y ddynoliaeth, er dy ogoniant. Amen.

Llawlyfr Gweddïo 1972

108. OCHRI GYDA CHYFIAWNDER

O Dduw, rwyt ti'n ochri gyda chyfiawnder
ac rwyt yn galw ar dy bobl i fod ar yr un ochr.
Pan fo pobl yn cael eu gyrru oddi ar dir amaethyddol da
er mwyn i'r ychydig allu gwneud elw mawr,
pan fo plant yn gweithio mewn ffatrïoedd am ychydig geiniogau,
pan fo gwragedd yn dinistrio'u bywydau er mwyn bwydo'r teulu,
nid ym myd y gorffennol ond yn ein byd ni heddiw,
Arglwydd, trugarha wrthym,
Crist, trugarha wrthym.
Dduw, maddau i ni am elwa ar draul dioddefaint eraill,
atgoffa ni fod gennym rym yn ein dewisiadau
os gweithredwn gyda'n gilydd.
Gad i ni ddewis cyfiawnder,
yn ein gwleidyddiaeth, yn ein heconomi, yn ein heglwysi.
Cyfiawnder sy'n dechrau yn y man lle rydym ni.

Cymuned Iona, yr Alban

109. GWYRTH PRYDFERTHWCH

Arglwydd, mae'r byd a roist i ni yn wyrth o brydferthwch, ac eto rydym yn ei anharddu a'i ddifa trwy ein trachwant a'n traha. Adfer ynom yr ymdeimlad o barch a rhyfeddod, a dyro i ni ddyhead dwfn am gyfiawnder, fel pan ddown ar draws ddewisiadau anodd bywyd, y bydd y llwybr yn gliriach. Ac yna fe ofynnwn am dy nerth i'n cynnal.

Anad.

110. ADFERIAD

Arglwydd Dduw hollalluog,
maddau i'th Eglwys
ei chyfoeth ymhlith y tlawd,
ei hofn ymhlith yr anghyfiawn,
ei llwfrdra ymhlith y gorthrymedig.

Maddau i ni, dy blant,
ein diffyg hyder ynot,
ein diffyg gobaith yn dy deyrnasiad,
ein diffyg ffydd yn dy bresenoldeb,
ein diffyg ymddiriedaeth yn dy drugaredd.

Adfer ni i'th gyfamod
gyda'th bobl;
arwain ni i wir edifeirwch;
dysg i ni dderbyn aberth Crist;
gwna ni'n gryf trwy gysur dy Ysbryd Glân.

Tor ni yn ein balchder;
cod ni yn ein gwendid;
cywilyddia ni pan fyddwn yn ymddiried ynom ein hunain;
enwa ni pan fyddwn wedi ein colli'n hunain;
trwy Iesu Grist ein Harglwydd. Amen.

Anad.

111. O'R DYFNDER

O'r dyfnder y llefwn arnat ti, o Dduw.
Dduw, clyw ein llef;
llef y rhai a erlidir yn dy enw di;
llef y rhai sy'n dioddef oherwydd rhyfel;
llef y rhai sy'n newynog a sychedig,
yn unig neu ar yr ymylon;
llef y gwŷr, y gwragedd a'r plant sydd wedi cael eu cam-drin.
Yr ydym i gyd yn rhan o'r llef yn ogystal â'r euogrwydd
oherwydd ein bod i gyd wedi pechu yn dy erbyn.
Rhyddha ni i dderbyn dy gariad cyflawn
a'i rannu gyda'r rhai sy'n galw arnat.

Anad.

112. GWEDDÏAU O GYFFES (I'W CYD-DDARLLEN)

Arglwydd, gweddïwn y bydd dy Ysbryd Glân yn ein harwain, yn ein tywys ac yn dangos gogoniant y nefoedd i ni, yn enwedig wrth i ni fyw mewn cyflwr o anobaith, yn ddiymadferth ac yn doredig.

Arglwydd, caniatâ i ni gyffesu ein pechodau am y pethau y dylem fod wedi eu gwneud na wnaethom, ac am y pethau a wnaethom na ddylem fod wedi eu gwneud. Mae ein bywydau'n ddrylliedig ac yn lluddedig oherwydd ein pechodau.

Arglwydd ein Duw, paid â chefnu arnom. Yn enw'r Un yn Dri, anfon ni'n ôl i ganol y byd er mwyn i ni allu ymwrthod â phechod. Ysbryd Glân, symbyla ni, glanha ni a chryfha ni. Wrth i'n bywydau fod ynot ti ac yn rhan o'r byd hwn, boed i'r byd ddod yn fwy nefol. Gweddïwn hyn yn enw Iesu Grist. Amen.

Anad.

113. Y DDWY FFORDD

Gadewch i ni weld a oes tebygrwydd rhwng ffordd y gŵr cyfoethog o fyw a ffordd Crist. Mae'r naill yn ymffrostgar a'r llall yn isel; y naill yn falch a'r llall yn wylaidd; y naill yn llawn ffyrnigrwydd a'r llall yn dyner; y naill yn ymosodol a'r llall yn ddioddefus; y naill yn ymfalchïo a'r llall yn ostyngedig; y naill yn dirmygu'r tlawd a'r llall yn eu cofleidio; y naill yn eu cam-drin a'r llall yn eu cynorthwyo. A thrwy'r adeg yr ydych yn eich argyhoeddi eich hunain fod y cyfoeth hwn o Dduw.

Mae un gŵr yn berchen ar lawer o dai crand wedi eu haddurno â marmor drudfawr; nid oes gan un arall gymaint â chwt bach i gadw'r oerfel a'r gwres draw. Mae gan un gŵr diroedd eang a meddiannau lu; nid oes gan un arall ond tamaid o bridd i eistedd arno a'i alw'n eiddo iddo'i hun. A ddaw'r cyfoeth hwn oddi wrth Dduw? Pe byddai Duw wedi dymuno anghyfartaledd, ni fyddai wedi caniatáu cyfartaledd yn yr elfennau. A yw'r cyfoethogyn yn mwynhau bendithion yr awyr iach yn fwy na'r tlotyn? A yw'n teimlo gwres yr haul yn fwy neu'n llai na'r llall? Pan dderbynia'r ddaear y rhodd o law, oes dafnau mwy yn cwympo ar dir y cyfoethogyn na'r tlotyn? Mae'r hyn a rannwyd gan Dduw yn gyfartal; yr hyn a geir mewn anghyfartaledd anghyfiawn yw'r hyn y mae Duw wedi ei ymddiried i ofal dynol; ni ddylid beio gras Duw am anghyfartaledd mewn cyfoeth, ond yn hytrach anghyfiawnder dynion.

Y Brython o Sisili

Cymro oedd yn byw ar ddechrau'r bumed ganrif OC

FFORDD IESU

114. O Ysbryd, cliria'r ffordd

Ysbryd Glân,
yn ein hymwneud â'r byd:
cliria'r ffordd i heddwch,
cliria'r ffordd i gyfiawnder.
Gweithia gyda ni
i ddadwreiddio'r hyn sy'n bygwth bywyd;
i ffrwythloni'r tir a rannwn.

Ysbryd Glân,
yn ein hymwneud ag eraill:
cliria'r ffordd i gariad,
cliria'r ffordd i ddealltwriaeth.
Gweithia gyda ni
i adfer ein perthynas â'n gilydd;
i hybu bywyd newydd.

Ysbryd Glân,
yn ein hymwneud â'n hunain:
cliria'r ffordd i ddadleniad poenus,
cliria'r ffordd i dyfiant.
Gweithia gyda ni,
gweithreda trwom ni,
gweddïa ynom ni
a dyro i ni obaith.

Kate McIlhagga, cyf. Elenid Jones

115. SEFYLL GYDA IESU

O Dduw,
pan yn Iesu y cerddaist y ddaear hon,
doedd gennyt ddim tir yn eiddo i ti,
dim un lle i roi dy ben i lawr.
Wrth i ni sefyll gyda'r di-dir a'r digartref
a chefnogi'r rhai sy'n ymdrechu gyda hwy,
bydded i ni sefyll gyda thi
a gweld dy wyneb a'th adlewyrchiad yno.

Wythnos Cymorth Cristnogol 1992, cyf. Elenid Jones

116. TROEDO'I FFORDD

Arweinydd:	Mae Iesu yn ein gwahodd ni i ffordd o ddathlu, o gyfarfod ac o wledda gyda'r distadl a'r tlawd.
Pawb:	**Troediwn ei ffordd ef mewn llawenydd.**
Arweinydd:	Mae Iesu'n ein gwahodd ni i ffordd o fentro, o ollwng gafael ar ein sicrwydd.
Pawb:	**Troediwn ei ffordd ef mewn llawenydd.**
Arweinydd:	Mae Iesu'n ein herio ni i wrando ar leisiau'r rhai sydd heb ddim i'w golli.
Pawb:	**Troediwn ei ffordd ef mewn llawenydd.**
Arweinydd:	Mae Iesu'n ein cyfeirio at ffordd o hunanymroddiad sydd yn dymchwel grym a statws.
Pawb:	**Troediwn ei ffordd ef mewn llawenydd.**
Arweinydd:	Mae Iesu'n ein galw i ddilyn ffordd y Groes, lle y gweddnewidir anobaith gan yr addewid am fywyd newydd.
Pawb:	**Troediwn ei ffordd ef mewn llawenydd.**

Jan Berry, cyf. Cynthia Saunders Davies

117. RHANNU BEICHIAU

O Dduw,
a gymeraist arnat dy hun
iau'r ddynoliaeth
a beichiau cariad
a chael nad oedd hynny'n hawdd;
dysg ni
i rannu pwysau
y byd dioddefus hwn
fel y bydd ein heneidiau'n ysgafnach
a'n calonnau'n cael gorffwys
wrth i ni, gyda'n gilydd, gael ein cario gennyt ti
yn Iesu Grist, Amen.

Janet Morley, cyf. Cynthia Saunders Davies

118. EHANGA FY NGHALON

O Dduw, ehanga fy nghalon
fel y bydd hi'n ddigon mawr
i dderbyn mawredd dy gariad.
Ymestyn fy nghalon
fel y gall hi gwmpasu dy fyd.

O Affrica, cyf. Cynthia Saunders Davies

119. DDUW BYWYD

Dduw bywyd,
nid yw hi bob amser yn hawdd
credu dy fod ti yma
yn ein calonnau,
yn ein cartrefi,
yn ein byd.
Yr ydym yn dwyn atgofion o'th farwolaeth di
yn drwm o'n mewn.

Dduw bywyd,
rwyt ti yn ein gwahodd i weddïo am fywyd,
a darganfod ynom ein hunain
fod bywyd newydd yn bosibl.

Dduw bywyd,
rwyt ti yn ein gwahodd i weithio am fywyd,
a chreu ymhlith ein hanwyliaid
gymuned sydd yn cynnal bywyd.

Dduw bywyd,
rwyt ti yn ein gwahodd i ymgyrchu am fywyd,
i gyfarfod pobl nad ydym eto yn eu hadnabod
a gwneud byd newydd yn bosibl.

Dduw bywyd,
yr ydym yn credu ac yn ymddiried ynot.
Helpa ein hanghrediniaeth.

Wythnos Cymorth Cristnogol 1996, cyf. Elenid Jones

120. Y FFORDD A'R GWIRIONEDD A'R BYWYD

O Arglwydd Iesu Grist, dywedaist mai ti yw'r ffordd,
a'r gwirionedd, a'r bywyd.
Na ad i ni grwydro oddi arnat ti, y ffordd,
na'th amau di, y gwirionedd,
nac ymfodloni mewn unrhyw beth ond ynot ti,
y bywyd.

Erasmus 1466-1536

121. LLEFARA, IESU

Arweinydd:	Halelwia.
Pawb:	**Halelwia.**
Arweinydd:	Llefara Iesu, Air Duw. Llefara di yn awr. Halelwia.
Pawb:	**Halelwia.**
Arweinydd:	Ein brawd, sy'n datgan gwirionedd i'w frodyr a'i chwiorydd, dyro i ni dy ryddid newydd di. Wedi'n rhyddhau oddi wrth ariangarwch ac ofn, byddwn fyw yn dy Efengyl; bloeddiwn yn dy Efengyl: Halelwia.
Pawb:	**Halelwia.**
Arweinydd:	Chaiff yr un grym ein distewi. Halelwia.
Pawb:	**Halelwia.**
Arweinydd:	Er gwaethaf trefn casineb, fe roddi di i ni gyfraith cariad. Yn wyneb cymaint o gelwydd, ti yw'r gwirionedd ar goedd. Yng nghanol yr holl newyddion am farwolaeth, gennyt ti y mae gair bywyd. Wedi cymaint o ffug addewidion a gobeithion drylliedig, gennyt ti, Arglwydd Iesu, y mae'r gair olaf ac yr ydym wedi rhoi ein holl ffydd ynot. Halelwia.
Pawb:	**Halelwia.**
Arweinydd:	Dy wirionedd di a'n gwna ni'n rhydd. Halelwia.
Pawb:	**Halelwia.**

Pedro Casaldaliga, Peru, cyf. Elenid Jones

122. Anadl bywyd

O Dduw,
o'th gariad creadigol
rhoddaist i ni
anadl bywyd;
amlygaist
dy rym gwaredigol
mewn bywyd wedi ei ymarllwys;
bydded i ni yn y fath fodd
farw i'r pechodau
o drachwant
ac anobaith
sy'n ein rhwydo
ym magl hunan-les,
yn bygwth ein daear
ac yn gwadu bywyd
i'r tlawd,
fel y bo i ni
gydrannu â hwy
yn y bywyd helaeth
yr hiraetha dy Ysbryd amdano,
trwy Iesu Grist,
Amen.

Janet Morley, cyf. Elenid Jones

123. CÂN I'R GALON

Pan ddistewir cân yr angylion,
pan ddiflanna'r seren o'r ffurfafen,
pan fo'r brenhinoedd a'r tywysogion gartref,
pan fo'r bugeiliaid 'nôl gyda'u praidd,
y mae gwaith y Nadolig yn dechrau:
i geisio'r colledig,
i iacháu'r clwyfedig,
i fwydo'r newynog,
i ryddhau'r carcharor,
i ailadeiladu cenhedloedd,
i ddwyn heddwch i'r bobloedd,
i ddwyn cân i'r galon.

Howard Thurman, cyf. Noel A. Davies

124. PERTHYN I GENEDL

Arglwydd da,
cefaist ti'r profiad o berthyn i genedl
a goncrwyd ac a ormeswyd gan rym imperialaidd:
edrych mewn trugaredd ar breswylwyr y gwledydd
y mae eu diwylliant a'u ffordd o fyw
o dan ddirmyg a gwawd y goresgynwyr;
a thrwy'r broses o gydnabod bai a derbyn maddeuant
gad iddynt gael y rhyddid i fyw eu bywydau
mewn ffordd sy'n unol â'r amrywiaeth gyfoethog
a berthyn i'th drefn di ar gyfer y teulu dynol, ein Tad nefol.

Anad.

125. ARGLWYDDIAETH CRIST

O Arglwydd Dduw ein tadau, a Thad ein Harglwydd Iesu Grist, cymorth ni i blygu i arglwyddiaeth dy Fab. Gwelsom yn nydd y difrod mai ei frenhiniaeth ef sy'n diogelu gwir frawdoliaeth, ei ysbryd ef yw'r unig allu i wareiddio'r cenhedloedd.

Agor ein llygaid i gyfoeth ac ehangder dy ddatguddiad yn Iesu Grist. Er amled ein hallorau, buom yn euog o gyfyngu ar dy neges di. Nertha dy Eglwys i gyfryngu dy feddwl i ddynion ym mhob man. Meddianner ni, O Arglwydd, ag anian dy unig-anedig Fab, canys y mae ei groes ef yn dranc i gulni, a'i Efengyl yn meithrin eangfrydedd ymysg pobloedd y ddaear.

Gwared ni, blant dy ffafr, rhag bodloni ar ffurfiau crefydd. Trugarha wrthym am i ni wneuthur seremoni yn gyfystyr â sancteiddrwydd, a chyfrif defod yn gyfwerth â daioni. Dysg ni i garu gwirionedd, a gwna ni'n brydferth oddi mewn. Trefna weithred ein dwylo ynom ni, fel yr adeiladom ein bywyd ein hunain ac eiddo cymdeithas ar gynllun y groes. Yn ein llafur o blaid y deyrnas, deisyfwn am sêl gydnaws â'r Efengyl dragwyddol. Cadw ni rhag defnyddio unrhyw gyfrwng a fo'n groes i ewyllys y Gwaredwr mawr. Glanha ein hysbryd oddi wrth bob gwreiddyn chwerwedd a'r brwdfrydedd sy'n difetha brawdgarwch.

Gweddïwn am dy heddwch i bob gwlad. Dysgaist ni, er yn fore, mai gwaith cyfiawnder fydd heddwch; felly gweithia ynom a thrwom i glod dy ras. O Arglwydd, pâr i'n hymdrech o blaid cyfiawnder fod cyn gryfed â'n hiraeth am heddwch; ac er ein gwaith a'n haberth, cadw ni rhag ymffrostio ond yng nghroes ein Hachubwr Iesu Grist. Arwain ni yn ffordd y bywyd, a chynnal ein heneidiau ar ffyrdd gofid.

O Iesu bendigedig, dos gyda'th ddilynwyr pryderus ar ffordd Emaus pan fo'u ffydd ar ddiffodd; ac yn dy drugaredd ymlid ar ôl dy wrthwynebwyr ar ffordd Damascus. Atgyfnertha dy ffyddloniaid ac achub dy elynion, a rho i ninnau oll y fraint ogoneddus o lanw'r hyn sydd yn ôl o'th ddioddefiadau, a phrofi o rym dy atgyfodiad.
Er mwyn dy enw. Amen.

D. Rhydderch

126. GORUCHAFIAETH CRIST

Ein Tad sanctaidd a thrugarog, Tad ein Harglwydd Iesu Grist, yr hwn a'i rhoddes ei hun drosom yn ei fyw ac yn ei farw.

Bendigwn dy enw am ddatguddio dy gariad mawr tuag at ddynion yn dy Fab Iesu Grist, yn arbennig y cariad a ddatguddiwyd trwy ei ddioddefaint. Bendigwn di am iddo ddangos i'r byd mai llwybr dy gariad di yw unig ffordd y fuddugoliaeth berffaith dros bob gelyn. Dy nerth di a gafodd ef i sefyll a gorchfygu. Diolch i ti am i ni glywed am ei oruchafiaeth fawr. Proffeswn dy ddilyn; erfyniwn dy oruchafiaeth fawr. Proffeswn dy ddilyn, erfyniwn dy faddeuant am grwydro ymhell o'i lwybr union ef. Dyro dy nerth i ni i'w ddilyn yn ffyddlonach, a llanw ni â'th ras fel y'n cymhwyser i ddefnyddio'r nerth. Dymunem fyw wrth fesurau ei gariad ef. Meddianna ni â'r Ysbryd. Gweddïwn am ras i godi'r groes, a sylweddoli nad oes goron ar un llwybr arall.

Diolch i ti am yr eneidiau dethol a roddaist i'r byd ar hyd yr oesau – pobl wedi eu cynysgaeddu â'th gariad, ac yn dilyn arweiniad dy Ysbryd heb gyfri'r gost – y rhai nad ofnent na chroes na charchar nac ystanc. Bendigwn dy enw, fod yn y byd eto eneidiau a wybu'r gyfrinach ysbrydol, ac a deimlodd rym y 'pethau nad adnabu'r byd'. Nid yw pethau mwya'r byd ond bychain iawn yn ymyl dy bethau di, ac y mae buddugoliaethau'r byd yn rhai di-fudd iawn yn ymyl concwestau dy gariad di. Cymorth ni i'n cyflwyno ein hunain i gymhellion dy gariad, fel y gallwn ddywedyd bod cariad Crist yn ein cymell, ac yn rhoi gorfod arnom – ein cymell i wasanaeth, a'n cymhwyso i ddioddef er mwyn dy deyrnas.

Perffeithia dy nerth yn ein gwendid, fel y'n gwneler ni'n deilwng i ddwyn amarch er mwyn ei enw ef, ein Harglwydd Iesu Grist. Amen.

D. Rhys Thomas

127. Brenhiniaeth Crist

Erfyniwn dy faddeuant, dirion Dad, am syllu ohonom yn unig ar y niwl a'r tywyllwch sy'n gorchuddio ein byd gan ymollwng yn ein heneidiau. Megis dy ganlynwyr gynt, bwriasom ymaith ein hyder. Cymorth ni i ddyrchafu ein golygon atat ti, y goleuni tragwyddol, a chredu dy addewidion.

Nertha ni i sylweddoli nad oes eisiau i ni fod megis eraill heb obaith. Addewaist i'th blant ddyddiau gogoneddus dy deyrnas dy hun, pan baratoer mynydd dy dŷ ym mhen y mynyddoedd, ac y dylifa'r cenhedloedd atat heb ddysgu rhyfel mwyach; pan lifo dy heddwch fel afon a'th gyfiawnder fel tonnau'r môr. Cynorthwya ni i gredu na syrthiodd un gair o'th holl addewidion, a chaniatâ inni fod yn hollol sicr am yr hyn a addewaist dy fod yn abl i'w wneuthur.

O edrych uwchlaw'r caddug arnat ti, a phwyso ar dy air, pâr inni gael ein grymuso a'n hysbrydoli nes ymgysegru o'r newydd i'th wasanaeth, a derbyn yn ddiamod arnom ein hunain dy frenhiniaeth. Gwna ni'n addfwyn a gostyngedig, yn gymwynasgar a thangnefeddus; a boed ynom yr holl feddwl hwnnw oedd yng Nghrist Iesu ein Harglwydd, fel y profwn ninnau o ansawdd bywyd dy deyrnas, ac na flinwn yn ein hymdrechion i'w lledaenu dros wyneb yr holl ddaear.

I ti, Frenin cyfiawnder a heddwch, y byddo'r gogoniant byth bythoedd. Amen.

Henry Hughes, Penclawdd

128. GETHSEMANE

Cof am y llu o filwyr
â'u gwaywffyn yn dod,
i ddal yr Oen diniwed,
na wnaethai gam erioed;
fe ddywedodd air ei hunan, –
pwy allai ond efe?
'Gadewch i'r rhain fynd ymaith,
cymerwch fi'n eu lle!'

O Dduw, mawrygwn a bendithiwn d'enw am i'th Fab, Crist Iesu, pan ddaeth ei awr, fynd yn ddi-ofn ymhlith y rhai a geisiai ei fywyd, ac wynebu'n ddiwyro'r bradychwr a'r 'llu o filwyr â'u gwaywffyn yn dod' i'w ddal, a'u gorchfygu â nerth ei gariad – 'hwy a aethant yn wysg eu cefnau, ac a syrthiasant i lawr'. Diolch a bendigedig fyddo d'enw, am i ti ddangos trwyddo ef, a hynny unwaith ac am byth, 'yn yr ardd pan ddaeth y fyddin', ac yn arbennig ar y groes, mai cryfach yw cariad na chenfigen a chasineb, mai trech yw gras na grym. Gweddïwn ar i'n hysbryd ni ymdebygu i'w ysbryd ef, fel y llywodraether ein bywyd yn llwyr gan gariad ac addfwynder, ac fel, ym mhob cylch o fywyd, y byddo i ostyngeiddrwydd gael goruchafiaeth ar falchder ac uchelgais, cariad ar gasineb a chenfigen a malais, purdeb ar chwant a rhysedd, ac addfwynder ar lid a dial.

Diolch i ti, hefyd, am i'th Fab, Crist Iesu, ei roi ei hun fel yr arbedai eraill: 'gadewch i'r rhai hyn fyned ymaith, cymerwch fi'n eu lle'. Gwyddost mai ffordd arweinwyr y byd yw gyrru eraill i'r lladdfa er mwyn eu harbed eu hunain. Ffordd dy Fab yw ei roi ei hun i arbed eraill, a mynd i'r groes i achub dynion:

Nid er ei fwyn ei hunan
y daeth i lawr o'r ne',
ond rhoi ei hun yn aberth
dros eraill wnaeth efe.

Cynorthwya ni, felly, o Dduw Dad, i'n cyflwyno ein hunain iddo, a chysegru ein bywydau i'w wasanaeth, fel y delo dy deyrnas di, teyrnas cariad – yr hon sydd uwchben pob tywysogaeth ac awdurdod, pob pendefigaeth a gallu – yn deyrnas i bob gwlad ac oes, i bob llwyth ac iaith, trwy Grist Iesu. Amen.

J. Derfel Rees

129. UNDEB CARIAD

O Dduw, ein Tad, yn yr hwn y mae tangnefedd, heddwch a chytgord; iachâ, ni a erfyniwn arnat, yr anghydfod sy'n gwahanu cenhedloedd y ddaear oddi wrth ei gilydd, a dwg ni i undeb cariad yn Iesu Grist, ein Harglwydd.

Addolwn ac Ymgrymwn

130. NA FOED I NI DDUW ARALL

Dyro i ni ddewrder, Arglwydd, i sefyll a chael ein cyfrif,
i sefyll dros y rhai sy'n methu sefyll drostynt eu hunain,
i sefyll drosom ein hunain pan fo angen gwneud hynny.
Paid â gadael i ni ofni dim yn fwy na thi,
paid â gadael i ni garu dim yn fwy na thi,
yn y modd hwnnw ni fydd ofn dim oll arnom.
Na foed i ni unrhyw dduw o'th flaen di,
boed genedl neu blaid neu wladwriaeth neu eglwys.
Na ad i ni geisio unrhyw heddwch
ond yr heddwch a berthyn i ti,
a gwna ni'n gyfryngau iddo,
gan agor ein llygaid, ein clustiau a'n calonnau,
fel y gallwn wybod bob amser
pa waith o heddwch y gallwn ei wneud ar dy ran.

Alan Paton, De Affrica

131. Gostyngeiddrwydd

Addolwn di, O Grist, am i ti er ein mwyn
osod o'r neilltu dy allu a'th ogoniant
a chymryd arnat wisg ein dynoliaeth,
i fyw mewn tlodi ar y ddaear
ac i ddioddef angau ar y Groes.
Dysg i ni wers dy ostyngeiddrwydd di,
a gwacáu ein bywyd o bob balchder a hunanoldeb,
fel y cawn ein llawenydd a'n cyflawnder
mewn gwasanaeth i eraill yn dy enw ac er dy fwyn di.

Frank Colquhoun

132. Ar ddelw Duw

O Dad
sydd wedi creu pawb ar dy ddelw dy hun
ac sy'n caru pawb a greaist,
na ad i'n teulu ni ymwahanu oddi wrthyt ti
trwy adeiladu rhwystrau hil a lliw.
Megis y ganed dy Fab, ein Gwaredwr, o fam o Hebraes,
ond yr ymfalchïodd yn ffydd y wraig o Syria
a'r milwr o Rufain,
ac y croesawodd y Groegiaid a'i ceisiai,
ac y derbyniodd ŵr o Affrica i gario'r groes,
dysg i ninnau ystyried aelodau pob hil
yn gyd-etifeddion yn nheyrnas Iesu Grist ein Harglwydd. Amen.

Anad.

133. DUW'R BYWYD

Credwn yn Nuw bywyd
na chreodd farwolaeth.
Yr ydym yn ddilynwyr Duw
sy'n caru ac yn amddiffyn bywyd,
sy'n trosglwyddo ei fywyd i bob un
fel arwydd o'i gariad;
Duw sy'n dioddef ing ac angau,
Duw atgyfodedig,
y ffordd, y gwirionedd a'r bywyd;
Duw sydd o hyd yn ein gwahodd
i oresgyn pob drygioni –
pob peth sy'n dwyn poen,
dioddefaint, ac anghyfiawnder –
ac i ddathlu'r bywyd
y mae Duw yn ei ddymuno yn ei lawnder
i bob un ohonom.

O Periw, cyf. Elenid Jones

134. PAM WYT WEDI FY NGADAEL?

Fy Nuw, Arglwydd fy Nuw,
pam yr wyt wedi fy ngadael?
Gwawdlun o ddyn wyf fi;
y maent yn fy nhrin fel baw
ac y mae'r papurau oll yn fy ngwatwar.

Fe'm hamgylchynir:
y mae tanciau o'm cylch ym mhobman
a gynnau-peiriant yn anelu ataf:
y mae weiren bigog o'm cwmpas –
weiren drydan.
Yr wyf wedi fy rhestru,

gelwir fy enw bob awr o'r dydd,
rhoesant datŵ arnaf
a chefais fy nodi â rhif.
Y maent wedi tynnu fy llun tu ôl i'r weiren bigog,
a gellir cyfrif pob un o'm hesgyrn
fel ar ffilm pelydr-X.
Dygasant oddi arnaf fy hunaniaeth
a'm tywys i'r siambr nwy.
Y maent wedi rhannu fy nillad a'm hesgidiau yn eu mysg.

Ernesto Cardenal, cyf. Bryn Jones

135. Litani Disgyblion y Gwas

O Arglwydd Iesu, brenin yr Iddewon, brenin y brenhinoedd,
brenin y byd, derbyn ein gwrogaeth;
canys ynot ti y mae pob rhinwedd a phob clod.
Mae dy groes yn rhan o wead yr holl fyd,
yn rhan o batrwm hanes dyn,
yn rhan o dystiolaeth ein cydwybod –
y rhan sydd yn rhoi ystyr a llewyrch i'r cyfan.
Un fuom mewn pechod, un mewn anwiredd,
ond hwn yw undod uffern,
yr undod marwol sydd yn ein rhannu
yn erbyn ein gilydd ac yn erbyn ein hunain!
Gwared ni rhag drwg.
Una ni yn dy gariad dy hun.
Gwelwn y ffug-undod yn nirmyg y rhai oedd yn myned heibio ...
Gwelwn y ddynoliaeth ranedig yn ymuno i sarhau dy gariad!
Ond yr wyt yn eiriol drosom ar y groes.
O Ryfeddod yr hollfyd, una ni dros byth
yn y maddeuant diderfyn sydd yn gogoneddu nef a daear.
Tydi a ddyrchafwyd oddi ar y ddaear, tyn bawb atat dy hun.
At bwy yr awn ond atat ti?

Pennar Davies

136. CRIST EIN BRAWD

Iesu ein Brawd,
nertha ni i'th ddilyn di
i ddyfroedd dyfnion bedydd ...
i dorri cadwyn hen bechodau
a'n cymhwyso ar gyfer d'yfory di;
Pawb: Iesu, ein brawd, nertha ni i'th ddilyn di.

Nertha ni i'th ddilyn i'r anialwch,
i ymprydio gyda thi,
a chefnu ar werthoedd bywyd moethus,
gwrthod esmwythfyd a'i lwybrau deniadol,
llwybr y llwyddo-beth-bynnag-y-draul,
llwybr y 'trechaf treisied';
Pawb: Iesu, ein brawd, nertha ni i'th ddilyn di.

Nertha ni i weini'n ddiflino mewn tref a phentref,
gan iacháu ac adfer ...
i fwrw allan y pwerau demonig –
trachwant, digofaint, casineb –
a'r ofnau sy'n lladd, ac sy'n rhemp yn ein tir;
Pawb: Iesu, ein brawd, nertha ni i'th ddilyn di.

Nertha ni i'th ddilyn i'r encil tawel,
i eiriol ar ran y dryslyd, y gwangalon, y gofidus,
i'n paratoi ein hunain ar gyfer gwasanaeth, gan gyfri'r gost,
i roi ein tŷ mewn trefn cyn ymroi i'r gwasanaeth drud;
Pawb: Iesu, ein brawd, nertha ni i'th ddilyn di.

Nertha ni i'th ddilyn ar y ffordd i Jerwsalem
i ymwrthod â'r awgrym cyfeillgar
mai doethach fyddai byw bywyd 'saff',
a dewis yn hytrach aberthu'r hunan;

Pawb: Iesu, ein brawd, nertha ni i'th ddilyn di.

Nertha ni i'th ddilyn hyd yn oed i'r groes
a rhoi ein gobaith yn dy gariad hunanaberthol di,
gan farw i bopeth ynom
nad yw wedi ei eni o'th gariad;
Pawb: Iesu, ein brawd, nertha ni i'th ddilyn di.

Nertha ni i'th ddilyn o dywyllwch bedd
i fod â chyfran ym mywyd yr Atgyfodiad,
i'n hadnewyddu beunydd dan ddelw dy gariad,
i weini beunydd yn dy gorff-ar-ei-newydd-wedd
sy'n cael ei dorri er mwyn dy fyd di;
Pawb: Iesu, ein brawd, nertha ni i'th ddilyn di.

O India. Cyfaddasiad Christopher Duraisingh
Defnyddir yng Ngholeg Diwinyddol Andhra, Hyderabad,
cyf. Maurice Loader

137. Litwrgi Coptig Cyril

O Dduw cariad, yr hwn trwy dy unig-anedig Fab a roddaist i ni orchymyn newydd i garu ein gilydd fel y ceraist ti ni, yr annheilwng a'r crwydredig: gweddïwn ar i ti roi i ni dy weision, yn ein holl amser ar y ddaear, feddwl anghofus o elyniaeth y gorffennol, cydwybod bur, a chalon i garu ein brodyr; drwy dy Fab, ein hunig Waredwr, Iesu Grist.

O'r 5ed ganrif

138. Ffordd tangnefedd

O Dduw, ein tad nefol,
diolch i ti am gyflwyno i ni Ffordd Tangnefedd
yn Iesu ein Harglwydd.
Cofiwn am Iesu'n wylo wrth fynd i Jerwsalem,
wylo am fod y ddinas honno yn mynnu dilyn ffordd Barabbas;
ffordd casineb a llofruddiaeth.
Maddau i ni ein bod ninnau'n rhy barod i floeddio gyda'r dorf
ar i'th ffordd di gael ei difa:
'Croeshoelier ef, croeshoelier ef!'
Atgoffa ni fod ffordd Barabbas wedi arwain at ddinistr Jerwsalem;
gan gyfrannu at gasineb ac anghydfod
sy'n dal i reibio'r ddinas honno filoedd o flynyddoedd
yn ddiweddarach.

Maddau inni ein hymddiriedaeth ddall
yn ffordd trais, rhyfel a chasineb,
a'n cred wyrdroëdig mai'r ffordd honno
sy'n mynd i ddwyn heddwch i'n cymdeithas a'n byd.

Argyhoedda ni o'r newydd mai'r ffordd a amlygir gan Iesu
yw dy ffordd di;
honno yw'r ffordd a drechodd rym casineb y groes.
Ffordd Tangnefedd yw ffordd gobaith,
ffordd bywyd yn ei holl gyflawnder.
Hyn yw ein gobaith,
hyn yw ein gweddi,
dyro nerth inni gerdded y ffordd honno
gyda Iesu.

Anad.

139. TEBYG I IESU

Ein Tad trugarog, gwna ni 'yn fwy tebyg i Iesu Grist yn byw'; yn hwyrfrydig i lid a pharod i faddau bai, yn llawn addfwynder wrth 'helpu plant gofidiau'.

Anfon dy Ysbryd Glân i'n cyfarwyddo ac i gynorthwyo ein gwendid. Pâr iddo weithio arnom fel bo i eraill adnabod dy gariad drwy ein hymarweddiad ni. Dysg ni sut i argyhoeddi dynion o gadernid ac o gyfiawnder dy gariad. Gwna ni'n wrol i wrthwynebu pob ymddygiad sy'n groes i'w Ysbryd. Dyro inni'r dewrder i wrthsefyll pob gormes a thrais. Disgybla ni yn ein protestiadau. Dangos i ni sut i orchfygu'r drwg â daioni. Atgoffa ni o hyd mai 'dod dy gleddyf yn y wain' yw gorchymyn Tywysog Tangnefedd.

Ymwêl ag arweinwyr y gwledydd. Myn ymyrryd yn rasol yn eu rhaglenni. Ysbrydola hwynt i geisio dealltwriaeth cydrhwng y cenhedloedd; i bleidio cydraddoldeb rhwng y gwyn a'r lliw; ac i chwalu'r muriau sy'n cadw pobl ar wahân.

Agor ein llygaid i berffeithrwydd dy dangnefedd; bydded i Orllewin a Dwyrain guro eu cleddyfau yn sychau, Gogledd a De droi eu gwaywffyn yn bladuriau; a phâr bod dynion yn gwrthod dysgu rhyfel mwyach fel y byddo'r ddaear yn debycach i'r nef.

Gweddïwn am yr heddwch hwn yn ein calonnau a thrwy'r byd i gyd, yn enw Iesu Grist. Amen.

Llawlyfr Gweddïo 1972

140. HEDDWCH YN IESU

Arglwydd daionus, dangos i ni
yr heddwch y dylem ei geisio,
yr heddwch y mae'n rhaid inni ei roi,
yr heddwch y cawn ei gadw,
yr heddwch y mae'n rhaid inni ei hepgor,
a'r heddwch a roddaist ti i ni
yn Iesu ein Harglwydd.

Anad, cyf. Bryn Jones

141. TOSTURI DUW

Os wyt yn caru cyfiawnder Iesu Grist
yn fwy nag wyt yn ofni barnedigaeth dynion,
yna byddi'n ceisio gweithredu tosturi.
Ystyr tosturi yw:
os byddaf yn gweld cyfaill a gelyn
yn wynebu'r un angen,
y byddaf yn estyn iddynt ill dau'r un cymorth.
Y mae cyfiawnder yn mynnu
ein bod yn ceisio'r dieithryn,
y briwedig, a'r carcharor
nes dod o hyd iddynt,
yn eu cysuro
ac yn cynnig iddynt ein cymorth.
Hyn yw tosturi sanctaidd Duw.

Mechtild o Magdeburg (*c.* 1207-*c.* 1282-1294)
Cyf. Bryn Jones

142. HEN EMYN AFFRICANAIDD

Y groes yw ffordd y colledig,
Y groes yw'r ffon sy'n cynnal y cloff,
Y groes sy'n tywys y dall,
Y groes yw nerth y gwan,
Y groes yw gobaith y diobaith,
Y groes yw rhyddid y caeth,
Y groes yw'r glaw sy'n mwydo'r had,
Y groes yw cysur y taeog,
Y groes yw ffynnon y sychedig,
Y groes yw gwregys y noeth.

Dyfynnir yn Taro'r Sul

143. Y DUW Y CREDAF YNDDO

Nid wyf yn credu yn nuw'r ynadon
nac yn nuw'r cadfridogion na'r rhethreg jingoistaidd.

Nid wyf yn credu yn nuw'r emynau diflas
na duw'r llysoedd barn
na'r rhagymadroddi i gyfansoddiadau
na'r ôl-eiriau i areithiau huawdl.

Nid wyf yn credu yn nuw'r ffawd dda i'r cyfoethog
na'r duw braw a hyrwyddir gan y goludog
na'r duw hapusrwydd a berthyn i'r rhai sy'n lladrata oddi wrth y bobl.

Nid wyf yn credu yn nuw'r heddwch ffug
na'r duw cyfiawnder nad yw o'r bobl
na'r duw sy'n hybu traddodiadau cenedlaethol parchus.

Nid wyf yn credu yn nuw'r pregethau gwag
na duw'r cyfarchion ffurfiol
neu'r briodas ddigariad.

Nid wyf yn credu yn y duw a wnaethpwyd
ar lun a delw'r grymus
na'r duw a ddyfeisiwyd fel cyffur
i dawelu gofidiau a dioddefaint y tlodion.

Nid wyf yn credu yn y duw sy'n cysgu o fewn muriau'r addoldy
neu'n gorwedd yn segur mewn cyfrif banc.

Nid wyf yn credu yn nuw'r Nadolig masnachol
na duw'r rhaglenni teledu slic.

Nid wyf yn credu yn nuw'r celwyddau

mor frau â'r llestri clau
nac yn nuw trefn y sefydliad
sy'n seiliedig ar anhrefn
ac yn cyfrannu ato.

Y Duw y credaf ynddo yw'r un a aned mewn ogof.
Yr oedd yn Iddew.
Cafodd ei erlid gan frenin estron
a chrwydrodd drwy Balestina.
Gwnaeth gyfeillion o'r bobl;
rhoes fwyd i'r newynog,
goleuni i'r rhai mewn tywyllwch,
rhyddid i'r caethion,
a heddwch i'r rhai a geisiai gyfiawnder.

Y Duw y credaf ynddo
oedd yn ystyried pobl yn bwysicach na'r gyfraith
a chariad yn bwysicach na'r hen draddodiadau.
Nid oedd ganddo le i osod ei ben i lawr
a bu'n troi ymhlith y tlodion.
Ei unig ymwneud â'r rhai dysgedig
oedd pan fyddent yn cwestiynu ei air.
Ymddangosodd o flaen barnwyr
a geisiai ei gael yn euog.
Fe'i gwelwyd gyda'r heddlu
yn garcharor.
Aeth i mewn i blasty'r llywodraethwr
i gael ei fflangellu.

Y Duw y credaf ynddo
yw'r un a wisgodd goron ddrain.
Plethwyd ei ddillad â gwaed.
Arweiniwyd ef i Galfaria,

lle bu farw rhwng troseddwyr
ar y groes.

Y Duw y credaf ynddo
yw neb llai na
mab Mair,
Iesu o Nasareth.

Bob dydd y mae'n marw,
wedi ei groeshoelio gan ein gweithredoedd hunanol.
Bob dydd y mae'n cael ei gyfodi
trwy rym cariad.

Frei Betto, Brasil

144. O IESU, FAB DUW

O Iesu, Fab Duw,
Tywysog ein tangnefedd;
Ein pen gynhaliwr, ein cofleidiwr, ein câr;
Tydi â'r dwylo caredig a'r traed tosturiol,
A gerddodd bob cam o Fethlehem dref i Galfaria fryn,
Yn rhannu â'r sychedig o ffynnon dŵr y bywyd,
Ac â'r newynog o'r bara nad yw'n darfod,
Rho i minnau heddiw ronyn o'th ras rhyfeddol,
I nerthu fy nhraed a'm dwylo,
Fel y gallaf innau fod yn gefn i'r gwan,
Yn weithredwr heddwch,
Ac yn fodd i ryddhau'r difreintiedig
O bob artaith, tlodi a chaethiwed.

O Iesu, Fab Duw,
Cynheuwr y fflam sy'n puro pob aflendid,
A'r berth sy'n llosgi heb ei difa;
Tydi a droes wirionedd dy eiriau yn weithredoedd hardd;

Brenin cyfiawnder a hyrwyddwr pob rhyddid;
Dewr hyd derfyn y daith;
Ailgynnau dân yn fy enaid innau heddiw,
Fel y bo i minnau, er mor llesg a gwael fy llun,
Roi fy hun yn llwyr yn aberth byw ar allor gwasanaeth;
I fod yn un ddolen yn y gadwyn o gariad;
I oleuo un gannwyll,
Ble bynnag y bo tywyllwch a chasineb;
I orseddu tangnefedd ble bynnag y bo trais.

O Iesu, Fab Duw,
Cyfryngwr yr Ysbryd Glân cariadus, creadigol,
Sydd o oes i oes
Yn troi pob Gwener y Groglith yn Basg ac yn Bentecost;
Tydi, y Diddanydd, yr Eiriolwr anghymharol,
Sydd beunydd beunos yn curo wrth ddrws ein calon,
Boed i minnau o'r newydd heddiw,
Yng nghanol rhuthr fy mynd a'm dod, ymdawelu,
Fel y gallaf, drwy nerth yr ysbryd dwyfol,
Gael eto fy adfywhau a dyblu diwydrwydd,
Profi'r heddwch sy'n dangnefedd, a'r ennaint
Sydd, megis y balm o Gilead, yn wynfyd yn wir;
Ac o'i brofi, ei rannu â'r byd ac â'r enaid blin.

O, Iesu, Fab Duw,
Ffynhonnell y ffydd sy'n troi pob marw yn fyw,
A'r haul difachlud sy'n goleuo pob ogof dywyll;
Tydi sy'n tawelu pob ofn;
Y cariad sy'n cracio concrid yr hunan balch,
Ac a gyflwynodd i'r byd orchymyn newydd:
I garu gelyn, ac i wneud i eraill
Fel y carem i eraill ei wneud i ni,
Pan fo raid i minnau wynebu Gardd Gethsemane,

Boed i minnau o'r newydd heddiw brofi o Air y Bywyd
Sy'n symud ymaith y maen
Oddi ar fedd fy marweidd-dra a'm hofnau lu
Ac yn fy llenwi â gorfoledd y Trydydd Dydd,
Fel na foed i mi byth mwy gau dwrn,
Ond estyn fy llaw mewn gweithred o ffydd.

Robin Gwyndaf

145. Gwynfydau

Gwyn eu byd y tlodion.
Rhyddha ni o hualau golud.
Achub ni rhag gwerthoedd ffals ein cymdeithas.
Galluoga ni i weld y tlawd a'r di-rym fel y rhai
y byddi di yn eu llwytho â phethau da
tra bo'r cyfoethogion yn mynd ymaith yn waglaw;
fel y gallwn gyda'th holl blant, fod yn deilwng i etifeddu dy deyrnas.
Arglwydd, clyw ein gweddi, a derbyn ein cri.

Gwyn eu byd y rhai sy'n galaru.
Gwna i ni alaru dros y pechodau sy'n caethiwo dy blant,
dros y modd y mae'r cryf yn elwa ar y gwan,
dros ddiweithdra a newyn yng nghanol digon,
fel y cawn, yn ein hymdrech dros y deyrnas,
ein cysuro a'n cryfhau gan dy addewidion.
Arglwydd, clyw ein gweddi, a derbyn ein cri.

Gwyn eu byd y rhai addfwyn.
Achub ni rhag nwydau afreolus
a'r ffyrdd ymosodol y mae'r byd yn eu dysgu;
gad i ni gael ein dysgu gan y di-rym i ddwyn beichiau ein gilydd,
fel, trwy gyd-ddealltwriaeth a goddefgarwch
y cawn fod yn deilwng o'r etifeddiaeth ddaearol a roddaist i'n gofal
Arglwydd, clyw ein gweddi, a derbyn ein cri.

Gwyn eu byd y rhai pur eu calon.
Ysbrydola ni â didwylledd calon a meddwl
fel y ceisiwn dy deyrnas di a'th gyfiawnder
a'th ewyllys di i ni ein hunain ac i eraill,
fel y cawn ynghyd weld dy ogoniant.
Arglwydd, clyw ein gweddi, a derbyn ein cri.

Gwyn eu byd y rhai sy'n newynu ac yn sychedu am gyfiawnder.
Gwna i ni newynu a sychedu am gyfiawnder;
gwna i ni ymdrechu am fyd lle caiff pawb ddigon i'w fwyta
a lle gall pawb weithio gan ddisgwyl tâl cyfiawn.
Arglwydd, clyw ein gweddi, a derbyn ein cri.

Gwyn eu byd y tangnefeddwyr.
Gwna ni'n dangnefeddwyr.
Gwna i genhedloedd y ddaear roi heibio'u
hymddiriedaeth mewn arfau a rhyfel fel ateb i dyndra,
er mwyn i ni weld diwedd cymdeithas sy'n cael ei rheoli gan ofn.
Arglwydd, clyw ein gweddi, a derbyn ein cri.

Gwyn eu byd y rhai trugarog.
Deffro ynom ein hangen am dy drugaredd;
grymusa ein gallu i fod yn gyfiawn a thrugarog wrth eraill
ac i garu'n gelynion a gwneud daioni i'r rhai sy'n ein casáu.
A boed ein pryder dros eraill fod wedi ei lenwi â grym iachusol.
Arglwydd, clyw ein gweddi, a derbyn ein cri.

Gwyn eu byd y rhai a erlidiwyd yn achos cyfiawnder.
Helpa ni i oddef cerydd y dorf;
i ddawnsio mewn llawenydd wrth wybod mai ffordd Duw a orfu;
i ddioddef dros y gwir yn aberth bach
yng ngoleuni'r fuddugoliaeth a ddaw.
Arglwydd, clyw ein gweddi, a derbyn ein cri.

Cwlwm o Weddïau

146. SALM I'R TANGNEFEDDWYR

Molwn di, O Dduw, am bawb sy'n tramwyo ffordd tangnefedd; y rhai trwy addfwynder nerthol sy'n ymwrthod â ffordd y dial, ac yn ymwybod ag ystyr heddwch.

Canmolwn hwy am eu dewrder gloyw a'u cydbwysedd tawel wrth dalu'r pris. Eu dyfalwch hirhoedlog yw eu nerth, wrth iddynt fod yn ufudd i'w gweledigaeth.

Fel y daw iechyd o belydrau'r haul, felly y daw daioni o'u tystiolaeth hwy, ac o'u gweithredu cariadus. Ni lwydda'r tywyllwch i ddiffodd eu goleuni.

Iddynt hwy nid oes gyfaddawd ag uffern ac nid oes gymrodedd â Satan; ni fynnant arddel y grym sy'n difa na'r pŵer sy'n parlysu.

Ni thwyllir hwy gan resymu gwyrgam ac ni phrynir hwy ag addewidion ffals. Eu rhesymoldeb gwâr yw eu harf finiocaf a'u dioddefgarwch yw coron eu cenhadaeth.

Pan fo uchel y waedd am arfau, taer fydd eu deisyf dros y ffordd arall. Pan rydd y beilchion eu ffydd yn nhaflegrau'r fall, hwy a ymddiriedant mewn dealltwriaeth a chyfeillgarwch. Ar faddeuant y pwysant ac mewn trugaredd y gwreiddia eu cred.

Eu ffydd a geidw'r llwybrau yn agored i gymod ac ymddiriedaeth.
Eu hargyhoeddiad yw gobaith gwerin rhag y dinistr eithaf.
A daw yfory i gyhoeddi eu cymwynasgarwch.

Molwn di, O Dduw, am bawb sy'n tramwyo ffordd tangnefedd.
Dy blant yw'r rhai hyn, ac ynddynt yr ymfodloni.

W. Rhys Nicholas

147. CREAWDWR YN Y GROTH

Bu Creawdwr pob cnawd yn y groth;
bu'r hwn sy'n ffurfio babanod yn faban yn y groth;
mewn cadachau, lapiwyd yr hwn sydd wedi'i lapio mewn goleuni.
Trigodd yn nhŷ'r tlodion fel un tlawd.
Cerddodd fel dyn, ond gweithiodd fel Duw.
O'i wirfodd bu'n newynog fel mab dyn,
gan roi ychydig o fara yn ôl ei allu
i lawer o rai newynog.
Bu'n sychedig fel dyn yn marw;
troes ddŵr yn win fel un sy'n rhoi bywyd i bawb.
Cysgodd fel plant y cnawd;
deffrodd a cheryddodd y gwynt fel Creawdwr.
Blinodd a gorffwys fel y rhai distadl,
cerddodd ar y dŵr fel y mwyaf dyrchafedig.
Gwyrodd ef, yr hwn y mae'r angylion yn ymgrymu o'i flaen mewn rhyfeddod,
gwyrodd ef ei ben gerbron ei groeshoelwyr, i ddioddef.
Pren egwan a gariodd yr hwn sy'n cario nef a daear.
Bu farw i ddinistrio angau;
bu farw i roi bywyd i'r meirw,
i gasglu ynghyd y rhai a wasgarwyd,
a throi pechaduriaid i anrhydedd a gogoniant.

Ethiopia, cyf. Cynthia Saunders Davies

148. TANGNEFEDD AC UNDOD

Gyfeillion annwyl, gadewch i ni garu'n gilydd, oherwydd o Dduw y mae cariad, ac y mae pob un sy'n caru wedi ei eni o Dduw, ac yn adnabod Duw.

Iesu Grist, bywyd y byd a'r holl greadigaeth,
maddau ein dieithrwch a dyro dangnefedd ac undod.

Bydded i dangnefedd Crist lywodraethu yn eich calonnau; i hyn y cawsoch eich galw yn un corff.

Iesu Grist, bywyd y byd a'r holl greadigaeth,
maddau ein dieithrwch a dyro dangnefedd ac undod.

Gwnaeth y ddau yn un, wedi chwalu trwy ei gnawd ei hun y canolfur o elyniaeth oedd yn eu gwahanu. Creodd o'r ddau un ddynoliaeth newydd mewn un corff, trwy'r Groes; trwyddi hi fe laddodd yr elyniaeth. Ynddo ef yr ydych chwithau hefyd yn cael eich cydadeiladu i fod yn breswylfod i Dduw yn yr Ysbryd.

Iesu Grist, bywyd y byd a'r holl greadigaeth,
maddau ein dieithrwch a dyro dangnefedd ac undod.

Ymrowch i gadw, â rhwymyn tangnefedd, yr undod y mae'r Ysbryd yn ei roi. Un corff sydd, ac un Ysbryd, yn union fel y mai un yw'r gobaith sy'n ymhlyg yn eich galwad.

Iesu Grist, bywyd y byd a'r holl greadigaeth,
maddau ein dieithrwch a dyro dangnefedd ac undod.

Un Arglwydd, un Ffydd, un Bedydd, un Duw a Thad i bawb, yr hwn sydd goruwch pawb, a thrwy bawb, ac ym mhawb.

Cyngor Eglwysi'r Byd

149. EIN CRAIG

O Arglwydd Dduw ein tadau, ti yw craig ein cysgod, a thŵr ein disgwyl. Nid oes gysgod a erys yn dragywydd ond tydi. Er chwalu ein hamddiffynfeydd, a heneiddio o'r greadigaeth, digyfnewid wyt ti, o oes i oes.

Cawsom dy Fab yn ymguddfa rhag y gwynt, ac yn lloches rhag y dymestl. Yn ei gysgod ef cawsom nerth i sefyll mewn drycin, a gras i aros mewn enbydrwydd.

Yn wyneb beiddgarwch y byd arddelaist dystiolaeth dy Eglwys, a diogelu ei hysbryd. Defnyddiaist hi i amlygu clydwch cysgod Iesu, a dyfnderau ei dosturi a'i gysgod, i bobl wedi eu gwasgaru fel defaid heb ganddynt fugail. I ti, O Arglwydd, y byddo'r gogoniant am ddiogelu ohonot wasanaeth gwrol dy Eglwys.

Wedi arafu a gostegu o'r dymestl daw dydd sobr, dydd ystyried y colledion, a mesur dyfnder clwyfau a maint y rhwygiadau.

Ti feddyg yr archolledig rai, llanw dy Eglwys â'th Ysbryd. Dyro iddi wroldeb i wynebu anawsterau, glendid i drafod archollion, a thynerwch i rwymo dyfnion glwyfau dynolryw. Dyfnha ei ffydd hi yn dy feddyginiaeth ddigonol i wella pob clwyf, a diwreiddio'i achos.

Arwain hi i'r dyfodol ar lwybr dy feddwl – yn gadarn, a sicr ei hymddiriedaeth ynot, yn glir ei gweledigaeth, ac yn groyw ei thystiolaeth.

Cymer ni oll, O Dad trugarog, yn dy law dy hun, a defnyddia ni er gogoniant dy enw yn Iesu Grist. Amen.

D. J. Hughes

150. DDUW Y BYD

Dduw Affrica, Dduw Cymru,
Dduw y byd sy'n newid:
agor fy llygaid yn llawn
er mwyn i mi weld y byd
fel rwyt ti'n ei weld;
agor fy nwylo'n llawn,
er mwyn i bopeth rwyt ti wedi ei roi i mi
gael ei rannu;
agor fy nghalon yn llawn
er mwyn i mi garu
yn y ffordd y carodd Iesu;
ac felly boed i bob rhan ohonof
gael ei newid i fod fel ti.
Amen.

Peter Graystone

151. NEF A DAEAR NEWYDD

Nid yw dioddefiadau'r presennol i'w cymharu â'r gogoniant y mae'r dyfodol i'w ddatguddio i ni.
Gwelais nef newydd a daear newydd; oherwydd y pethau cyntaf a aeth heibio.

Y mae'r greadigaeth yn disgwyl yn daer am i blant Duw gael eu datguddio.
Gwelais nef newydd a daear newydd; oherwydd y pethau cyntaf a aeth heibio.

Darostyngwyd y greadigaeth i oferedd, nid o'i dewis ei hun, ond trwy'r hwn a'i darostyngodd.
Gwelais nef newydd a daear newydd; oherwydd y pethau cyntaf a aeth heibio.

Gwyddom y caiff y greadigaeth hithau ei rhyddhau o gaethiwed a llygredigaeth a'i dwyn i ryddid a gogoniant plant Duw.
Gwelais nef newydd a daear newydd; oherwydd y pethau cyntaf a aeth heibio.

Gwyddom fod yr holl greadigaeth yn ochneidio ac mewn gwewyr drwyddi, hyd heddiw. Ac nid y greadigaeth yn unig, ond nyni sydd â blaenffrwyth yr ysbryd gennym, yr ydym ninnau'n ochneidio ynom ein hunain wrth ddisgwyl am ein mabwysiad yn blant Duw, a rhyddhad ein corff o gaethiwed.
Gwelais nef newydd a daear newydd; oherwydd y pethau cyntaf a aeth heibio.

Teulu Duw yn Addoli

CYMOD

152. EFENGYL TANGNEFEDD

Hollalluog Dduw, a Thad holl genhedloedd y byd, wele ni'n nesáu atat gan ddiolch i ti am dy ddatguddio dy hun yn Dduw ac yn Dad i ni. Rydym ninnau'n frodyr i'n gilydd. Maddau i ni am beidio â byw fel plant i ti, ac fel brodyr i'n gilydd. Deuwn atat gan weddïo dros y byd yr ydym yn byw ynddo.

Deisyf wnawn i'r holl genhedloedd
fyw fel brodyr yn gytûn.
Dyro ddiwedd ar ryfeloedd,
rho dy ysbryd ym mhob dyn.

Sylweddolwn, O Dduw ein Tad, fod casineb, cenfigen, rhyfeloedd ac anghyfiawnder yn hollol groes i'th ysbryd di. Ni allwn ond cydnabod ger dy fron fod ein byd a'r hyn sy'n digwydd heddiw'n pwyso'n drwm ar ein meddyliau a'n calonnau. Mae ein byd yn ymffrostio cymaint mewn nerth, gallu a grym.

Gwyddom hefyd mai ti yw ffynhonnell a sylfaen pob gwir heddwch a thangnefedd. Dangos i ni nad oes diben o gwbl sôn am ffordd heddwch a thangnefedd, os nad ydym yn byw mewn cymod a heddwch â'n cymydog. Cofiwn mai d'ewyllys di yw i ni fyw mewn heddwch â'n gilydd. Erfyniwn arnat yn awr:

Bwrw ymaith bob gelyniaeth
welir yn ein dyddiau ni.
Argyhoedda ein cenhedlaeth
mai Duw cariad ydwyt ti.

Diolchwn i ti am ddangos i ddynion ffordd dra rhagorol yn dy Fab, ein Harglwydd Iesu Grist. Gorchmynnodd Iesu i ni garu ein gilydd.

Erfyniwn yn daer ar i ddynion, drwy gymorth dy Ysbryd, fedru ymateb i'w eiriau. Dangos i ni eto nad 'trwy lu, ac nid trwy nerth', ond trwy dy Ysbryd di yng nghalonnau dynion y gallwn gyd-fyw'n hapus â'n gilydd.

Arwain ddynion, O Dduw, i anghofio amdanynt eu hunain, ac i feddwl yn gyntaf amdanat ti ac am eu cyd-ddynion. Arwain hwy i geisio d'arweiniad ac i fyw fel plant i ti.

Bendithia bawb sy'n gweithio dros heddwch byd ac yn gwneud popeth i gael pobl i barchu dy enw ac i ufuddhau i'th orchmynion. Cydnabyddwn nad yw ein ffordd ni, genhedloedd byd, o fyw yn deilwng ohonot ti.

> Cofiwn am y rhai sy'n tystio
> heddiw'n eofn yn ein tir
> am efengyl sydd yn uno
> ac yn rhoi tangnefedd gwir.

Ein gweddi yma'n awr yw, 'O cymoder pawb â'i gilydd wrth dy groes'. Bydded i dangnefedd y Gwaredwr ei hun drigo yng nghalonnau dynion.

Efengyl tangnefedd, o rhed dros y byd
> a deled y bobloedd i'th lewyrch i gyd.
> Na foed neb heb wybod am gariad y Groes,
> a brodyr i'w gilydd fo dynion pob oes.

Gwrando arnom yn ein gweddi daer yn enw Iesu Grist, sy'n cymodi dynion â'i gilydd. Amen.

Eifion Jones

153. De affrica

Drugarog Dad, yr Hwn a greaist o un gwaed bob cenedl o ddynion i fyw ar y ddaear, erfyniwn arnat i edrych yn dy drugaredd ar drigolion cymysg De Affrica. Boed i'th Ysbryd Sanctaidd arwain at gyd-ddeall rhwng y gwahanol bobloedd. Adfer eto'r syniad o wir werth dyn a'th gariad diwahân at bob person, beth bynnag fo lliw ei groen a'i hil. Nertha dy dystion yn eu tystiolaeth, a boed i'th gariad ddatguddio'i rym ym mhrofiad dy Eglwys yno, fel y delo pawb yn un yn hedd y Groes. Er mwyn Iesu Grist ein Harglwydd ni oll. Amen.

O Dde Affrica

154. Tywysog tangnefedd

O dragwyddol Dduw, na ddadweinir yr un cleddyf yn dy deyrnas berffaith ond cleddyf cyfiawnder, na chydnabod ynddi'r un gallu ond grym cariad. Atolygwn i ti dywallt dy Ysbryd mor nerthol, fel y casgler ynghyd bob cenedl a gradd o ddynion yn gytûn o dan faner Tywysog Tangnefedd, megis plant yr un Duw a thad pawb oll; i'r hwn y byddo'r gallu a'r gogoniant, yn awr ac yn oes oesoedd.

Addolwn ac Ymgrymwn

155. Holl gyfoeth y byd

Hollalluog Dduw, yr wyt yn ein dysgu trwy ein rheswm fod holl gyfoeth y byd wedi ei wneud gennyt ti ar gyfer defnydd cyffredinol, a thrwy natur nad yw'r cyfoeth hwnnw'n berchen i un person yn fwy nag i un arall; arwain ni, fe weddïwn, mewn ufudd-dod i'th ewyllys, i sicrhau fod pob peth i'w ddefnyddio i wasanaethu'r holl bobl, trwy Iesu Grist ein Harglwydd. Amen.

Anselm (1033-1109)

156. CLYW EIN GWEDDI

Dros bob un sy'n ysglyfaeth i gasineb a thrais, dros eu câr a'u ceraint sy'n galaru ar eu hôl, dros eneidiau'r sawl sy'n galon-galed,

Arglwydd clyw ein gweddi.

Dros y plant a enir i fyd o wrthdaro a thrais, dros wragedd a mamau sy'n dioddef yn ddiangen,

Arglwydd clyw ein gweddi.

Dros y rhai a wnaethpwyd yn ddiwaith, sy'n dyheu am ddychwelyd i waith, dros bawb sy'n ei chael hi'n anodd cynnal eu teuluoedd,

Arglwydd clyw ein gweddi.

Dros y milwyr sydd wedi eu camarwain i gredu fod bwledi'n dod â heddwch, dros bawb sy'n gwrthwynebu militariaeth ar sail cydwybod,

Arglwydd clyw ein gweddi.

Dros y plant sy'n gorwedd yn eu gwelyau ac yn dyfalu 'Beth a wnes i?', dros famau a thadau sy'n gorfod esbonio'r anesboniadwy,

Arglwydd clyw ein gweddi.

Dros bob plentyn a fu farw cyn pryd, dros y milwyr sydd wedi caniatáu i'r iwnifform eu diosg o'u dynoliaeth, dros y doctoriaid a'r nyrsys sy'n cael eu hatal rhag arfer eu doniau,

Arglwydd clyw ein gweddi.

Dros ffordd gwaredigaeth i eneidiau'r dioddefwyr a'r gormeswyr, dros y rhai sy'n cyflwyno'u hunain i ffordd maddeuant,

Arglwydd clyw ein gweddi.

Canolfan Sabeel, canolfan ecwmenaidd yn Jerwsalem

157. Rhyddid i dde Affrica

O Dduw byw, Duw'r holl ddaear,
disgynned Ysbryd dy Fab, Iesu Grist;
iachâ ein calonnau clwyfedig;
dyro heddwch yn lle gwrthdaro;
dyro gariad yn lle dialedd;
adeilada obaith lle mae ofn yn teyrnasu;
sefydla ymddiriedaeth ar draws ein rhaniadau.
Gad i oleuni gwirionedd chwalu'r cysgodion
ac i wawr cyfiawnder alltudio casineb,
i achub ein bywydau,
i adfer ein tiroedd,
i Affrica gael ei rhyddid
ac i bawb adnabod cariad Duw mewn llawenydd.

Esgob Peter Lee, De Affrica

158. Efengyl y cymod

O Arglwydd, yr hwn a ymddiriedaist i ni Efengyl y cymod, dysg i ni gyfrinach dy dangnefedd a'th gariad. Tywys ni i gerdded llwybrau brawdgarwch a thosturi, ac i fynegi gwirionedd a chariad Iesu Grist i eraill. Bwrw o'n calonnau bob rhagfarn, eiddigedd a chenfigen, a thyn ni atat dy hun ac at ein gilydd yn rhwymyn brawdgarwch. Dyro inni, yn ein byd, yn ein perthynas â'n cyd-ddynion, ac yn dy Eglwys, yr undeb a'r heddwch sy'n unol â'th ewyllys di ac ysbryd dy Fab Iesu Grist.

Elfed ap Nefydd Roberts

159. UN YNG NGHRIST

O Dduw ein Tad ni oll, dwg bobloedd y byd yn un yn Iesu Grist, er pob gwahaniaeth lliw ac iaith: yn un mewn pwrpas a bwriad, yn un mewn calon ac ysbryd, yn un mewn ffydd a gobaith, a'r un cariad yn ein cydio ynghyd, a'r un gred fod Iesu Grist yn ben, yn gwlwm tyn amdanom ni. Gofynnwn hyn yn ei enw ef, ein Harglwydd a'n Brawd. Amen.

Elfed ap Nefydd Roberts

160. GWEDDÏWN AM GYMOD

O Arglwydd, a roddaist i ni weinidogaeth y cymod, deisyfwn arnat iacháu'r rhaniadau sy'n ein gwahanu oddi wrth ein gilydd yn dy fyd.

Gweddïwn am gymod rhwng cenhedloedd a'i gilydd. Gwared ein byd rhag casineb, drwgdybiaeth, a gorthrwm; dysg genhedloedd y ddaear i ymwrthod â rhyfel a thrais a cheisio heddwch a brawdgarwch.

Gweddïwn am gymod rhwng hiliau a'i gilydd. Gwna ni oll yn fwy goddefgar tuag at rai sy'n wahanol i ni, a dysg bobloedd o bob cenedl, llwyth ac iaith i ddeall a derbyn ei gilydd a pharchu arferion ei gilydd.

Gweddïwn am gymod rhwng cenedlaethau a'i gilydd. Dyro i'r hen a'r ifanc oddefgarwch ac ystwythder meddwl ac ysbryd, i dderbyn gwerthoedd ei gilydd a dysgu oddi wrth safbwyntiau ei gilydd.

Gweddïwn am gymod rhwng eglwysi a'i gilydd. Maddau'r beiau a'r rhagfarnau sy'n gwahanu Cristnogion; cynorthwya ni oll i fawrygu cyfraniad traddodiadau gwahanol ac adfer undeb dy Eglwys mewn cariad a thangnefedd.

Una ni o fewn teulu ffydd a brawdgarwch, yn un teulu yn y nef ac ar y ddaear, yng Nghrist Iesu ein Harglwydd.

Elfed ap Nefydd Roberts

161. CYMOD DRWY'R GROES

Ar draws y rhwystrau sy'n gwahanu hil oddi wrth hil,
Cymod ni, O Grist, drwy dy Groes.
Ar draws y rhwystrau sy'n gwahanu'r cyfoethog oddi wrth y tlawd,
Cymod ni, O Grist, drwy dy Groes.
Ar draws y rhwystrau sy'n gwahanu pobl o grefyddau gwahanol, anffyddwyr a chredinwyr,
Cymod ni, O Grist, drwy dy Groes.
Ar draws y rhwystrau sy'n gwahanu Cristnogion o eglwysi gwahanol a chyda safbwyntiau diwinyddol gwahanol,
Cymod ni, O Grist, drwy dy Groes.
Ar draws y rhwystrau sy'n gwahanu'r ifanc oddi wrth yr hen,
Cymod ni, O Grist, drwy dy Groes.
Dangos i ni, o Grist, y rhagfarnau a'r ofnau cudd
sy'n gwadu ac yn bradychu ein gweddïau cyhoeddus;
galluoga ni i weld achos y gynnen;
dilea ynom bob ffug syniad o ragoriaeth.
Dysg i ni dyfu mewn undod â holl blant Duw. Amen.

Cydymaith y Pererin

162. GWEDDI DROS CHINA

Dduw, Greawdwr y nef a'r ddaear a rhoddwr bywyd i'r ddynoliaeth, diolchwn i ti am y dystiolaeth i'th wirionedd a'th ddaioni a'th brydferthwch a gafwyd drwy hanes hir China. Diolchwn i ti am yr Eglwys yn China, sy'n dwyn tystiolaeth i Grist mewn ffyrdd sydd y tu hwnt i'n gobeithion. Cryfha'r rhwymau sy'n clymu Cristnogion wrth ei gilydd y tu hwnt i ffiniau cenedlaethol. Cynorthwya ni i dderbyn y syniad fod pob eglwys leol yn rhan o'th Eglwys fyd-eang, ac yn tystio ar ei rhan ac o dan ei bendith. Er gogoniant Iesu Grist, yn yr hwn y cyfanhedda pob golud. Amen.

O China

163. IOAN PAUL II

Arnat ti, Greawdwr natur a'r ddynoliaeth, Greawdwr gwirionedd a harddwch, y gweddïaf.
Gwrando lais fy ngweddi, oblegid dyma lais holl ddioddefwyr trais a rhyfeloedd rhwng unigolion a chenhedloedd.
Gwrando lais fy ngweddi, oblegid dyma lais pob plentyn sy'n dioddef, neu a fydd yn dioddef pan fydd pobl yn ymddiried
mewn arfau a rhyfel.
Gwrando lais fy ngweddi, a minnau'n gofyn i ti blannu doethineb heddwch, nerth cyfiawnder a llawenydd cyfeillach yng nghalon
pob bod dynol.
Gwrando lais fy ngweddi, a minnau'n llefaru ar ran y lluoedd ym mhob gwlad ac ym mhob cyfnod mewn hanes nad ydynt yn dymuno rhyfel, ond sy'n barod i droedio ffordd heddwch.
Gwrando lais fy ngweddi, a rho i ni bob amser ddirnadaeth a nerth i ateb casineb â chariad, anghyfiawnder ag ymgysegriad llwyr i gyfiawnder, angen ag ymgyflwyniad anhunanol, a rhyfel â heddwch.
O Dduw, gwrando lais fy ngweddi,
a chaniatâ dy heddwch tragwyddol di i'r byd.

Ioan Paul II yn ystod ymweliad â Hiroshima yn 1981, cyf. Bryn Jones

164. YMGYSEGRU

O Dduw, credwn dy fod wedi ein galw ynghyd i ehangu ein profiad ohonot ti ac o'n gilydd. Credwn ein bod wedi ein galw i helpu iacháu clwyfau cymdeithas a chymodi pobl â'i gilydd ac â Duw. Cynorthwya ni, yn unigol a chyda'n gilydd i weithio dros heddwch, mewn cariad heb wangalonni byth. Ymgysegrwn i'n gilydd, mewn llawenydd neu mewn galar. Ymgysegrwn i bawb sy'n rhannu ein cred mewn cymod, i'w cefnogi ac i sefyll gyda hwy. Ymgysegrwn i ffordd heddwch, ar air ac mewn gweithred. Ymgysegrwn i ti,
ein tywysydd a'n cyfaill.

Cymuned Corrymeela, Iwerddon, cyf Bryn Jones

165. Pax Christi

O Dduw, ti yw ffynhonnell bywyd a heddwch.
Gogoniant i'th enw byth bythoedd.
Gwyddom mai ti sy'n meithrin ynom feddyliau heddwch.
Gwrando ar ein gweddi yn yr argyfwng presennol hwn.

Y mae dy allu di yn newid calonnau.
Y mae Moslemiaid, Cristnogion ac Iddewon yn cofio,
ac yn datgan gyda balchder
eu bod yn ddilynwyr yr unig Dduw,
yn blant Abraham, yn frodyr a chwiorydd;
bod gelynion yn dechrau siarad â'i gilydd;
bod dieithriaid yn cydio yn nwylo'i gilydd mewn cyfeillgarwch;
bod cenhedloedd gyda'i gilydd yn ceisio ffordd heddwch.

Cryfha ein penderfyniad i ddwyn tystiolaeth i'r gwirioneddau hyn yn ein ffordd o fyw.
Dyro inni:
ddealltwriaeth sy'n rhoi terfyn ar ymrafael;
dosturi sy'n diffodd casineb,
a maddeuant sy'n drech na dial.
Galluoga bawb i fyw dan gyfraith dy gariad.

Cyf. Bryn Jones

166. Fy nghyfeillion

Tydi, sy'n Affricanwr ac yn deulu i mi,
ti roddodd dafell o fara i mi.
Tydi, sy'n Algeriad ac yn gyfaill i mi,
ti gydiodd yn fy llaw.
Tydi, sy'n Iddew ac yn frawd i mi,
ti fu'n gymorth i mi yn fy helynt.
A thithau'r Tsieinead, ti ddangosodd y ffordd i mi.
Gadewch i ni gydsefyll, fy nghyfeillion;
oherwydd nid oes gennyt ti'r Affricanwr
ryw lawer o fara;
y mae pobl yn ddigon amharod
i gydio yn dy law di'r Algeriad;
y mae llawer yn peri helynt i tithau'r Iddew;
ac yn sefyll ar dy ffordd di'r Tseinead.
Ond bydd y bara hwn,
y llaw hon,
y cymorth hwn mewn helynt,
y ffordd hon,
yn ein harwain i heddwch.

Datganiad gan Patrice, Ffrancwr ifanc, cyf. Bryn Jones

167. Yn un

Dduw tragwyddol, sy'n ddaionus uwchlaw pob daioni, yn gyfiawn uwchlaw pob cyfiawnder, yn yr hwn y mae tawelwch a thangnefedd: cymoda'r gwahaniaethau sydd rhyngom a'n gilydd a gwna ni'n un eto yn y cariad a fydd yn ymdebygu i ddelw dy natur ddwyfol di. Caniatâ i ni fod yn un yn yr ysbryd, yn un ynom ein hunain ac yn un â'n gilydd, trwy ras, trugaredd a thynerwch dy Fab, Iesu Grist. Amen.

Eglwys Uniongred, cyf. Bryn Jones

168. LITWRGI SUL Y COFIO

Cyffes

Arweinydd: Cyffeswn i Dduw bechodau a diffygion y byd; ei falchder, ei hunanoldeb, ei drachwant; ei ymraniadau a'i gasineb.
Cyffeswn ein cyfran ein hunain yn yr hyn sydd o'i le ar y byd; ein methiant i geisio ac i sicrhau'r heddwch a ewyllysia Duw ar gyfer ei blant.

Wedi ysbaid fer o ddistawrwydd dyweded pawb gyda'i gilydd:

Pawb: **Drugarocaf Dduw,**
cyffeswn inni bechu
ar feddwl, gair a gweithred.
Nid ydym wedi dy garu di â'n holl galon.
Nid ydym wedi caru'n cymdogion fel nyni ein hunain.
Yn dy drugaredd
maddau i ni'r hyn a fuom,
cymorth ni i wella'r hyn ydym,
a chyfarwydda'r hyn a fyddwn;
fel y gallwn wneuthur barn, a hoffi trugaredd,
ac ymostwng i rodio gyda thi;
trwy Iesu Grist ein Harglwydd. Amen.

Arweinydd: Hollalluog Dduw, trugarha wrthym, maddau inni a gwared ni oddi wrth ein holl bechodau, cadarnha a chryfha ni ym mhob daioni, a chadw ni yn y bywyd tragwyddol; trwy Iesu Grist ein Harglwydd. Amen.

Eiriolaeth

Arweinydd: Gweddïwn dros heddwch y byd:

dros wladweinwyr a llywodraethwyr, iddynt gael doethineb i wybod beth sy'n gyfiawn, a gwroldeb i'w gyflawni;
dros bawb sy'n gweithio i wella'r berthynas rhwng gwledydd â'i gilydd, iddynt ddarganfod y ffordd wirioneddol i gymodi a'i gilydd bobl sy'n wahanol o ran cenedl, lliw eu croen a chredo;
a thros holl blant dynion trwy'r byd, iddynt gael cyfiawnder a rhyddid, a chyfle i fyw mewn diogelwch a heddwch.

Wedi ysbaid fer o ddistawrwydd dyweded pawb gyda'i gilydd:

Pawb: **Arglwydd, yn dy drugaredd clyw ein gweddi.**

Arweinydd: Ein Duw a'n Tad grasol, yn dy ewyllys di y mae ein tangnefedd. Cyfeiria ein calonnau, a chalonnau pobl ym mhob man, atat dy hun, fel trwy nerth dy Ysbryd y sefydlir trwy'r holl fyd yr heddwch sy'n seiliedig ar gyfiawnder; trwy Iesu Grist ein Harglwydd. Amen.

Gweddïwn dros bawb sy'n dioddef
o ganlyniad i ryfel:
y clwyfedig a'r anabl;
y rhai y dryswyd eu synhwyrau;
y rhai y gwanychwyd
neu y dinistriwyd eu ffydd yn Nuw
a'u ffydd yn y ddynoliaeth;
y digartref a'r ffoaduriaid;
y newynog;
y rhai a gollodd eu bywoliaeth a'u diogelwch;
y rhai sy'n galaru am anwyliaid a gollwyd;

y rhai a gollodd briod neu blant neu rieni;
ac yn enwedig y rhai nad oes ganddynt y gobaith
sydd yng Nghrist Iesu i'w cynnal yn eu trallod.

Wedi ysbaid fer o ddistawrwydd dyweded pawb gyda'i gilydd:

Pawb: **Arglwydd, yn dy drugaredd clyw ein gweddi.**

Arweinydd: Hollalluog Dduw, ein Tad nefol, anfeidrol ydwyt mewn doethineb a chariad a gallu. Tosturia wrth bawb y gweddïwn drostynt, a chymorth ni i ddefnyddio pob dioddefaint er hyrwyddo dy deyrnas di; trwy Iesu Grist dy Fab, ein Harglwydd, yr hwn a roes ei hun drosom ar y groes. Amen.

Gweddi'r Arglwydd.

Ymgyflwyniad

Arweinydd: Ymgyflwynwn o'r newydd i wasanaethu Duw,
a gwasanaeth ein cyd-ddynion;
i gynorthwyo, calonogi a chysuro eraill,
a chefnogi'r sawl sy'n llafurio
i ymgeleddu'r anghenus;
ac i geisio heddwch a ffyniant i'r cenhedloedd.

Pawb: **Arglwydd ein Duw a'n Tad,**
addunedwn dy wasanaethu di
a'r holl ddynolryw
yn achos heddwch,
i gyflenwi anghenion
a lleddfu dioddefiadau pobl,
er clod i'th enw di.

Arwain ni â'th Ysbryd;
Rho inni ddoethineb;
Rho inni wroldeb;
Rho inni obaith;
A chadw ni'n ffyddlon,
yn awr a hyd byth. Amen.

Cymdeithas y Cymod yng Nghymru

169. Gweddïau am undeb cristnogol

Dduw cariadus,
rhoes dy Fab, Iesu Grist, ei fywyd dros y byd.
Yr wyt ti'n ewyllysio bod gelynion yn dod yn ffrindiau,
er mwyn creu un ddynoliaeth newydd.
Eto, rydym yn dal i fod yn ofnus ac yn genfigennus
ac ni chyflawnwyd dy fwriad.
Dyro inni'r amynedd a'r cariad
i weithio am undeb ymhlith yr eglwysi,
am gariad ymhlith y bobloedd,
ac am gymod ymhlith y cenhedloedd.
Gad i ni fod yn arwyddion gobaith a bywyd newydd.

Llysgenhadon Crist

Greawdwr a rhoddwr bywyd,
yr ydym i gyd yn rhan o'th greadigaeth brydferth di.
Fe'n gwnaethost ni'n gyfrifol am ei meithrin,
ei hamddiffyn a'i pharchu.
Yr ydym wedi methu yn y gorchwyl a roddaist i ni.
Dyro i ni'r dewrder angenrheidiol
i wireddu'r tangnefedd a'r llawenydd a welodd y proffwyd:
y blaidd yn trigo'n heddychlon gyda'r oen,
plant yn chwarae gyda llewod a seirff.
Dyro i ni'r tosturi i feithrin y greadigaeth,
yr wybodaeth i'w hamddiffyn, a'r cariad i'w pharchu,

fel y cyflawnir dy bwrpas di.
Dyro i ni awch am gymod
fel yr iacheir dy greadigaeth.

Llysgenhadon Crist

O Dad cariadus a thrugarog,
Tad ein Gwaredwr Iesu Grist,
oddi wrth yr hwn y derbyniasom ras ar ôl gras,
mae angen inni gael ein cymodi â thi.
Wrth ein bod yn ymboeni am ein ffordd
arbennig ni o fynegi ein ffydd
yn hytrach nag am graidd y ffydd honno,
mae angen i ni gael ein cymodi â thi.
Wrth ein bod yn methu â gweld
mai ti yw ein Tad
sydd bob amser yn ein caru ac yn maddau inni,
mae angen i ni gael ein cymodi â thi.
Wrth ein bod yn methu dy weld
yn ein brawd neu yn ein chwaer,
mae angen i ni gael ein cymodi â thi.

Llysgenhadon Crist

170. UNDEB CRISTNOGOL

O Dduw bywyd a chariad,
yr ydym yn bobl ein cyfnod a'n sefyllfa.
O'n hamgylch y mae arwyddion ofn a chasineb a marwolaeth.
Yr ydym wedi chwilio am ffyrdd tangnefedd a chymod
ond bob amser heb ddigon o ymdrech,
bob amser yn rhy hwyr;
mor aml y mae ein gobeithion wedi eu dinistrio.
Yr ydym yn ddryslyd ac yn ddig;
yr ydym am ffoi.

Ond bob tro y trown i ddianc, mae'r ffordd wedi ei chau,
wedi ei chau gan groes.
Mae croes dy fab yn ein troi yn ôl eto
i wynebu bywyd yn y byd hwn;
ond yn awr gyda gobaith –
gobaith yn ei fuddugoliaeth
dros anobaith,
dros gasineb,
dros angau.
Dduw bywyd a chariad,
yr ydym yn bobl ein cyfnod.
O'n hamgylch ym mhob man y mae arwyddion tywyllwch.
Eto yr ydym yn ymddiried yn arwydd yr arwyddion –
y groes wag.
Mae Iesu, dy Fab, yn fyw,
ac rydym ni'n gaethion iddo,
caethion gobaith.

O Ogledd Iwerddon

171. Crist ein heddwch ni

Crist yw ein heddwch ni;
gwnaeth yn un
y rhai oedd ar wahân.
Chwalodd y gwahanfuriau
trwy ei farwolaeth, a'n hadeiladu
yn un corff, mewn cymod â Duw.
Addawodd gymod i bwy bynnag
sy'n edifarhau ac yn credu.
Gan hynny, bydded i chi fyw fel pobl a gymodwyd â'i gilydd.
Amen.

De Affrica, yr Eglwys Gynulleidfaol Unedig, cyf. Bryn Jones

172. EIN TAD GRASOL

Ein Tad nefol, a'n Duw, ffynhonnell gras a doethineb, deisyfwn gael mwynhau dy gymdeithas rasol, oblegid ynot ti y mae ein gobaith a'n bywyd. Ein llygru a'n marweiddio i bob rhinwedd a daioni a wna pechod; ond ein deffro a'n bywhau a wnei di. Pan gei di ni dan driniaethau dy ras, medri ein puro, a rhoddi cyfeiriad cywir a diogel i'r cwbl a feddwn – dawn, cynneddf, synnwyr ac ewyllys, fel y'n ceir 'wedi ein creu yng Nghrist Iesu i weithredoedd da'.

Cyfaddefwn, o Dad, mai ein harfer ni, dy blant, yw codi canolfur rhyngom a'n gilydd, sy'n ein gwneud yn ddosbarthiadau drwgdybus o'n gilydd, a rhyfelgar ar brydiau tuag at ein gilydd; ac er ein dawn a'n dysg, erys y ffin i'n blino a'n cadw ar wahân.

Deuwn atat, Dad grasol, mewn diolchgarwch pur. Diolch dy fod o'th gariad atom wedi danfon yr Arglwydd Iesu Grist i'n byd, i ddatod y canolfur sy'n ein drygu a'n gwahanu. Diolch fod Iesu, o'n cael ni'n llwyr iddo'i hun, yn medru ein creu yn un dyn newydd, a gwneud heddwch. Am hynny, dwg ni i undeb ysbryd â Christ, fel y delom drwyddo i gymod â thi; i gymod â'n gilydd, dy blant; ac fel y'n ffurfier gennyt ti, drwyddo, yn un frawdoliaeth ddwyfol, gariadus. Gorsedda ynom ysbryd llednais, llydan, pur; a chalon a gâr ddaioni, ac a gâr yn eirias gyd-ddyn ym mhobman; ynghyd ag ewyllys a bair i farn redeg fel dyfroedd, a chyfiawnder fel ffrwd gref dros bum cyfandir. Gosod ar waith ynom bwerau'r cymod, trwy orseddu ynom gymeriad moesol cyfrodedd ei wead: onest heb fod yn arw, gwrol heb fod yn ormesol, tyner heb fod yn feddal, a chyfiawn heb fod yn greulon. Medri di, trwy Grist, greu pob dau ohonom yn un dyn newydd, trwy blannu ynom egwyddorion sanctaidd dy deyrnas ddiffin a gosod o'n blaen, o wirfodd ein calon, ei delfrydau a'i dibenion yn nod a diben inni byth.

Cadw ni, diogela ni, Dad grasol, dan arglwyddiaeth cariad Crist, lle nad oes ganolfur a'n gwahana, lle y pawr y blaidd a'r oen ynghyd, ac y curir pob cleddau yn swch, a phob gwaywffon yn bladur. Erglyw ein gweddi, yng Nghrist Iesu, ein tangnefedd ni. Amen.

Rhys Harries, Llandeilo

BETH A WNAWN NI?

173. Gweddi Ffransis o Assisi

Arglwydd, gwna fi'n offeryn dy hedd.
Lle mae casineb, boed i mi hau cariad,
lle mae camwedd, maddeuant,
lle mae amheuaeth, ffydd,
lle mae anobaith, gobaith,
lle mae tywyllwch, goleuni,
lle mae tristwch, llawenydd.

O Feistr Dwyfol, caniatâ i mi gysuro
yn hytrach na cheisio cael fy nghysuro,
deall yn hytrach na cheisio cael fy neall,
caru yn hytrach na cheisio cael fy ngharu,
oherwydd wrth roi yr ydym yn derbyn,
wrth faddau yr ydym yn derbyn maddeuant,
wrth farw yr ydym yn deffro i fywyd tragwyddol.

Cyf. Cynthia Saunders Davies

174. Dros y cefnfor tawel

O Dduw, achub ein glannau rhag arfau marwolaeth,
ein tir rhag y pethau sy'n gwadu cariad a rhyddid i'n hieuenctid.
Gad i foroedd y Cefnfor Tawel
gario negeseuon heddwch ac ewyllys da.
Tro ymaith o'n plith arferion angharedig a chreulon,
gad i bob plentyn nofio'r dyfroedd ac anadlu'r awyr iach
sy'n llawn o'th Ysbryd Glân.
O Arglwydd Iesu, bendithia'r sawl sy'n cyflwyno'r heddwch mewnol
sy'n chwalu'r rhwystrau o gasineb, ac sy'n ein huno
drwy freichiau agored dy groes, fel bod holl bobloedd y ddaear
yn byw'n ddedwydd gyda'i gilydd.

Amanuka Havea, Tonga

175. EIN TAD, YR HWN WYT YN Y NEFOEDD

Ein Tad, yr hwn wyt yn y nefoedd, sylweddolwn heddiw mai dy ofal a'th gynhaliaeth sydd wedi ein cadw yn fyw hyd y munudau hyn. Er i ni grwydro a throi cefn a'th anwybyddu lawer gwaith, ac er i ni fod yn y fan hon o'r blaen, fe deimlwn yn awr dy gariad yn ein cofleidio a'th freichiau tragwyddol yn ein cynnal. Am hynny, Arglwydd, gad i ni unwaith eto gael yma gymdeithas â thydi, fel y bydd y munudau hyn yn funudau o weld newydd ac o adnabod llewyrch yn hanes pob un ohonom.

Diolchwn i ti yn arbennig heddiw am dy holl ddaioni tuag atom. O'n cylch ym mhob man fe welwn dy fendithion, a sylweddolwn gymaint y dibynnwn arnat. Nid damwain yw hyfrydwch dy fyd di, ac nid camgymeriad yn rhaglen y bydysawd yw ein bywydau ninnau. Ond yn hytrach fe'n gosodaist mewn byd a rhoi ynddo holl fendithion dy ragluniaeth at ein gwasanaeth.

Maddau i ni felly ein bod ni mor aml wedi camddefnyddio dy roddion, wedi pentyrru cymaint ar ein cyfer ein hunain er i ni wybod am rai oedd mewn angen yn ein hymyl.

Clodforwn dy enw, o Dduw, am fentro ein gwneud yn greaduriaid a all dy dderbyn neu dy wrthod. Arglwydd, diolchwn am y rhyddid hwnnw ac am dy drugaredd yn ein dioddef er gwaetha'n gwrthryfel.

Heddiw, os yw'n bosibl, dwg ein calonnau yn ôl atat, a gwna ni unwaith eto'n bobl a fydd yn llwyr ddibynnol arnat, oherwydd os nad ymdeimlwn ni â'r ddibyniaeth honno, ni ddeuwn byth atat.

Maddau i ni am bwyso ar ein golud ein hunain mor aml, am ymddiried yn ein heiddo a'n hadnoddau, gan fod yn ddibris o'th bethau di. Argyhoedda ni na allwn ond bodoli yn unig hebot, ac nad yw'r bywyd sy'n fywyd yn wir ond yn bosibl mewn perthynas â thi. Gad i ni bob dydd dreiddio fwyfwy i'r berthynas yna, fel y try pethau'r byd i ni yn bethau'r bywyd.

Cofiwn gerbron dy orsedd hefyd, Arglwydd, am bawb nad ydynt heddiw yn gyfrannog o'n golud ni. Mewn sawl gwlad mae dy blant heddiw mewn angen ac yn dioddef newyn neu ryfel neu effeithiau trychineb naturiol. Beth bynnag fo'u hargyfyngau, bydd di gyda hwy a dyro yn ein calonnau ninnau'r awydd i'w cynorthwyo. Oherwydd fe wyddom ni, Arglwydd, nad oes gennyt ti ddwylo ac nad oes gennyt ti weithwyr ar wahân i ni. Defnyddia ni, felly, yng ngwaith dy deyrnas, a dyro yn ein calonnau'r gras i gyflawni dy waith.

Gweddïwn hefyd, Arglwydd, dros y rhai sy'n peri dioddef a thorcalon i'w cyd-ddynion. Fe wyddom ni mai creaduriaid hunanol ydym, O Dduw; ond gwyddom hefyd y gallwn ni gael ein gweddnewid nes y byddwn fel tydi. Lle bynnag y bo trachwant heddiw, diffodd y nwyd, O Dad; lle bynnag y bo hunanoldeb, diwalla'r angen; a lle bynnag y bo dynion a merched yn sathru ei gilydd ar lawr, bydded heddwch yn y canol. Arwain dy blant, o bob lliw a llun a chenedl, atat dy hun a dyro i'r teulu ar y llawr brofiad o dangnefedd y lliaws yn y nefoedd.

Yn olaf, Arglwydd, fe weddïwn drosom ein hunain yn y dyddiau hyn. Yng nghanol ein digonedd, cadw ni rhag syrthio i afael materoliaeth; yng nghanol seciwlariaeth ein cyfnod, argraffa ar ein calonnau mai pobl sydd bwysicaf yn y diwedd. Dysg ni bob dydd i estyn llaw i dderbyn gennyt ti, fel y cawn y gras i rannu dy fendithion ar y ddaear.

Os oes unrhyw un yn wael heddiw, bydd di'n feddyg, O Dad; os oes unrhyw un yn llesg, bydd yn gynhaliwr; lle mae gofalon y byd yn pwyso'n drwm, boed i'th Efengyl lewyrchu yn y tywyllwch; ac yng nghanol galar, dyro'r tangnefedd na all y byd ei amgyffred. Er mwyn dy enw. Amen.

Elwyn Richards

176. YMBILIAU

O Dduw, Tad ein Harglwydd Iesu Grist a thad holl drigolion y ddaear, creawdwr a chynhaliwr holl gyrrau'r cread, diolchwn i ti am ddod i'n byd yn dy Fab, i fod yn esiampl ac yn iachawdwr i bob un ohonom.

Mawrygwn a gogoneddwn dy enw am yr holl fendithion a dderbyniwn o'th law. Diolch i ti am yr holl gysuron yr ydym yn eu mwynhau ac am y gynhaliaeth feunyddiol a dderbyniwn o'th law.

Gofynnwn i ti faddau i ni ein pechodau i'th erbyn. Credwn, O Dad, nad am i ni dorri rhyw fân reolau a mân gyfreithiau y gwnaethom bechu, ond yn hytrach am fod cymaint o drigolion y blaned fach hon yr ydym yn cael y fraint o fyw arni heb anghenion sylfaenol i gadw corff ac enaid ynghyd.

Maddau i ni, ein Tad, fod cymaint o famau a'u plant yn awchu am ddiferyn o ddŵr glân i'w yfed ac am grystyn sych i'w fwyta, a ninnau'n mwynhau mwy na digon o gynnyrch dy gread. Gwared ni rhag llygaid sy'n amharod i weld angen dy blant. Gwared ni rhag dwylo sy'n gwrthod ymestyn. Maddau i ni'r galon galed.

> O gwared ni rhag i'n osgoi
> y sawl ni ŵyr at bwy i droi;
> gwna ni'n Samariaid o un fryd,
> i helpu'r gwael yn hael o hyd.

Gweddïwn am iti 'anadlu arnom ni o'r nef, falm dy drugaredd dawel gref' fel y gallwn ymddatod o'n diogi ysbrydol i fod yn ymwybodol o'n cyfrifoldeb, fel rhai sy'n arddel dy enw.

Gad i ni sylwi bod gwir lawenydd i'w ganfod wrth i ni gynnal ein gilydd yn dy gariad di, oherwydd mai gwasanaethu ein gilydd sy'n ein

galluogi i'th wasanaethu di. 'Gad inni weld dy wyneb di ymhob cardotyn gwael.'
Diolchwn i ti am unigolion a chymdeithasau sydd mor ymroddgar yn gweini er lleddfu angen y newynog a'r tlawd. Nertha ni hefyd, O Dad, i sylweddoli bod ar y newynog angen mwy na'n cardod. Rho i ni'r weledigaeth i sylweddoli bod angen adnoddau digonol i ddiwallu anghenion y tlawd a'r newynog, fel y gallant hwy edrych ymlaen at yfory mewn gobaith.

Gweddïwn am i'r cariad sy'n ein clymu fel teuluoedd ymestyn i gofleidio holl blant dynion. Diolchwn i ti fod dy dadolaeth di'n golygu ein bod yn frodyr ac yn chwiorydd i'n gilydd, beth bynnag fyddo'n hamgylchiadau, beth bynnag fyddo lliw ein croen. Rho i ni'r gras i weld pob mab i ti yn frawd i ni, O Dduw.

Cynorthwya ni i anadlu'n ddwfn o'th Ysbryd, er mwyn inni brofi'r cariad sydd uwchlaw gwybodaeth ac fel y cynysgaeddir o'n mewn ysbryd ufudd-dod i'th ewyllys di.

> Llifed cariad Pen Calfaria
> drwy dy Eglwys ato ef:
> a'th diriondeb di dy hunan
> glywo'r truan yn ei llef:
> dysg hi i ofni byw yn esmwyth,
> gan anghofio'r byd a'i loes;
> nertha hi i dosturio wrtho,
> a rhoi'i hysgwydd dan ei groes.

Gweddïwn am weledigaeth o fewn yr Eglwys, iddi gyfrannu'n helaethach yn dy genhadaeth sy'n gwaredu'r tlodion o'u poen, a'r cyfoethog o'u pechod. Yn enw Iesu Grist. Amen.

Gwyn Thomas

177. Rho i ni lygaid

Arglwydd, rho inni lygaid i weld anghyfiawnder, clustiau i glywed dioddefaint tawel y gorthrymedig, a chalonnau sy'n ddigon meddal i dorri. Rho i ni nerth i fod yn wahanol, i wneud ffyliaid ohonom ein hunain, ac i sefyll yn amlwg dros gyfiawnder, fel y byddwn yn rhan o'r paratoadau ar gyfer dy deyrnasiad o gariad.

Jesus - Way of Peace

178. Canolfur

O Dduw Hollalluog, trwy deyrnas yr hwn yn unig y daw tangnefedd i'r ddaear hon, datguddia dy ddeddf o'r newydd, fel y plyg pob dosbarth a phlaid a chenedl a hil ger ei bron; a'th gariad tragwyddol, fel y caffont gyd-fyw mewn undeb a llawenydd.

O Dduw, Brenin Cyfiawnder, nertha ni i ddymchwel pob tra-arglwyddiaeth a thrais, a sicrhau i bob un y gyflog a haedda, ac oddi wrth bob un ei wasanaeth dyledus.

O Arglwydd y cenhedloedd, a ddatodaist yn Iesu ganolfur y gwahaniaeth rhwng Iddew a Groegwr, caeth a rhydd, gwna'r saint o lawer hil yn un yn rhwymau tyn dy gariad pur dy hunan. Dyro i Ddwyrain a Gorllewin gael eu huno yng Nghrist, a gwna iddynt gydlafurio i hyrwyddo dy deyrnas di, trwy Iesu Grist y Cymod. Amen.

Gweddïo: Arweiniad Dyddiol i Faes Gweddi

179. DUW CLWYFADWY

Dduw clwyfadwy,
yr wyt ti'n herio'r grymoedd sy'n llywodraethu'r byd hwn
trwy'r anghenus a'r tosturiol
a'r rhai sy'n llawn hiraeth.
Ennyn ynom newyn a syched am weld cyfiawnder yn trechu,
a gwna ni'n unplyg wrth geisio heddwch,
er mwyn i ni weld dy wyneb
a chael ein digon ynot ti,
trwy Iesu Grist. Amen.

Janet Morley, cyf. Bryn Jones

180. DROS GYMRU

O Arglwydd ein Duw, a wnaethost o un gwaed bob cenedl o ddynion i breswylio ar wyneb y ddaear, ac a elwaist Gymru yn eu plith yn dyst i Ti, diolchwn i Ti am y Ffydd a etifeddwyd gennym ym mhob un o'n henwadau fel ei gilydd, ac am yr un Arglwydd, Iesu Grist, a wasanaethwn. Diolch i Ti am y diwygiadau a ddaeth yn eu tro pan oedd fwyaf eu hangen. Arbed ni, Gymry, O Arglwydd, rhag bod ar ôl yn y dyddiau hyn pan fo dy Ysbryd Glân yn deffro'r Eglwys, yn achub ac yn argyhoeddi'r byd.

Diolch i Ti am draddodiadau gwych pob enwad. Cymorth hwy, O Arglwydd, i rannu eu cyfoeth yn llawen, fel y caiff pob un ehangach golwg ar dy gyngor doeth. Gwared hwy rhag rhagfarn, balchder a chaledwch calon. Arwain hwy trwy boen ymwadu a chodi croes i undeb yng Nghrist, fel y credo gwerin Cymru o'r newydd mai Tydi, y Tad, a anfonodd y Mab, a chan gredu y caiff fywyd newydd yn ei Enw Ef. Amen.

Gweddïo: Arweiniad Dyddiol i Faes Gweddi

181. Rhan yn dy waith

Ein Tad, diolch i Ti am roi rhan i ni yn dy waith mawr achubol. Gwna ni'n deilwng o'th ymddiriedaeth. Gwna ni'n fwy cyfrifol i'n Harglwydd yn ein gwaith ac yn ein gweddi, yn ein haddoliad ac yn ein hadloniant. Dysg i ni fod yn stiwardiaid teilwng – yn gyfrwys fel seirff ac yn ddiniwed fel colomennod. Gwneler dy ewyllys, megis yn y nef, felly ar y ddaear hefyd.

Maddau i ni fod ein tystiolaeth mor amhendant. Trwy Iesu Grist. Amen.

Gweddïo: Arweiniad Dyddiol i Faes Gweddi

182. Arglwydd y nos

Tyred, Arglwydd, gorchuddia fi â'r nos.
Lleda dy ras drosom, yn ôl d'addewid i ni.
Mae d'addewidion yn fwy niferus na holl sêr y ffurfafen;
mae dy drugaredd yn ddyfnach na'r nos.
Arglwydd, fe fydd yn oer.
Daw'r nos a'i hanadl marwolaeth.
Daw'r nos, daw'r diwedd,
ond daw Iesu Grist hefyd.
Arglwydd, arhoswn amdano ddydd a nos. Amen.

O Orllewin Affrica

183. Llwybrau

Bendigwn dy enw, O Arglwydd, am y llu mawr o'th bobl heddiw sydd yn hyrwyddo ac yn paratoi'r ffordd i genhedloedd y ddaear rodio llwybrau brawdgarwch, heddwch, ac ewyllys da, trwy symud pob drwgdybiaeth a chamddealltwriaeth o'u hysbryd.

Addolwn ac Ymgrymwn

184. Arglwydd yr holl frenhinoedd

O Dduw, Arglwydd yr holl frenhinoedd a'r holl freniniaethau, rheoled dy gadarn law'r cenhedloedd, a phâr iddynt ddyheu am i'th gariad lywodraethu ar y ddaear. Nertha bawb sy'n ymdrechu am wir frawdoliaeth, ac yn gweithio dros heddwch a chyfiawnder. Arwain galonnau a meddyliau llywiawdwyr a gwladweinwyr, fel y ceisiant yn gyntaf dy deyrnas di, a sefydlu cyfiawnder a rhyddid i'r holl bobloedd, fawr a bach. Gofynnwn hyn er mwyn Iesu Grist.

Addolwn ac Ymgrymwn

185. Ffydd, gobaith a chariad

Arglwydd, agor fy llygaid
i mi allu gweld dioddefaint eraill;
agor fy nghlustiau i mi glywed eu cri;
agor fy nghalon fel na fyddant yn aflwyddiannus.
Gwna fi heb ofn amddiffyn y gwan
a wynebu dicter y cryf,
a heb ofn amddiffyn y tlawd
oherwydd dicter y cyfoethog.
Dangos i mi'r lleoedd y mae angen ffydd a gobaith a chariad,
a defnyddia fi i'w dwyn i'r lleoedd hynny.
Agor fy llygaid a'm clustiau fel y gallaf, y diwrnod hwn,
wneud ychydig dros heddwch er dy fwyn.

Alan Paton, De Affrica

186. GŴYL DDEWI

Duw a thad yr holl genhedloedd, dymunwn dalu i ti ein haddunedau ar yr awr weddi hon.

Bendithiaist ein cenedl, megis y bendithiaist holl genhedloedd y ddaear; rhyngodd bodd i ti roddi i ni freintiau mawr a gwerthfawr. Cynorthwya ni i sylweddoli hyn, ac i fawrhau ein breintiau, a'th gydnabod di yn ddiolchgar am ein hetifeddiaeth deg. Mawrygwn dy enw am mai efengylwr yw nawddsant ein cenedl, gŵr a gysegrodd ei amryw ddoniau a'i amser i gyhoeddi'r Efengyl i'r werin, ac a lafuriodd yn ddiymod i sefydlu dy deyrnas ym mywyd ein cenedl; am nad llwybr y gormeswr a'r gorchfygwr a ddewisodd ef, eithr dilyn ei Arglwydd gan ddyrchafu golwg ei genedl atat ti, a'i dysgu hi i garu'r pethau yr ymhyfrydi di ynddynt: cyfiawnder, barn a thrugaredd, y pethau a ddyrchafa genedl. Mawrygwn dy enw am roddi i'n cenedl arweinwyr ac efengylwyr a fu'n addurn iddi: y rhai, o dan arddeliad yr Ysbryd Glân, a ddug i ni oleuni nefol, goleuni a lewyrchodd yn y tywyllwch. Diolchwn i ti am emynwyr eneiniedig, am gerddorion, beirdd a llenorion, ac am ysgolheigion y bu'n dda ganddynt ddwyn eu trysorau i gyfoethogi meddwl ein cenedl a chreu ynddi chwaeth at y pur a'r cain.

Dymunwn gydnabod yn ddiolchgar y diwygwyr cymdeithasol a garodd heddwch ac a ddysgodd frawdoliaeth gan ymdrechu'n ddewr a dyfal i symud pob gormes a thrais: rhai a fu megis llygaid i ni yn yr anialwch. Eraill a lafuriasant, ninnau a aethom i mewn i'w llafur hwynt.

Ni a atolygwn i ti, O Arglwydd, ein gwaredu rhag dibrisio aberth ein tadau, ac anghofio mai gwerth chwys a gwaed yw ein bendithion. Clodforwn dy enw am ein hiaith gyfoethog, y mynegwn drwyddi ddyheadau ein henaid mewn gweddi a mawl. Atolygwn i ti arbed ein cenedl rhag colli ohoni, drwy ddibristod, y trysor gwerthfawr hwn.

Cynorthwya ni ar ddydd ein gŵyl genedlaethol i ymdynghedu i fod yn ffyddlon i ti ac i ddelfrydau uchel ein nawddsant, fel y cyfrannwn o gyfoeth ein bywyd i'r gymdeithas ehangach, ac y gogoneddwn dydi, Dduw ein tadau. Gofynnwn hyn oll yn enw a haeddiant ein Harglwydd.

Addolwn ac Ymgrymwn

187. EIN PRIOD WASANAETH

O Dduw, Tad cyfiawnder, arwain ni ar hyd llwybrau cyfiawnder a heddwch: ysbrydola ni i ddymchwelyd pob gorthrwm a gormes, i sicrhau i bob dyn ei briod wobr, a chan bob dyn ei briod wasanaeth, fel y gall pob un fyw er mwyn pawb, a phawb ofalu am bob un, yn Iesu Grist, ein Harglwydd.

Addolwn ac Ymgrymwn

188. PARCHU'R DDAEAR

Llawenhawn, O Arglwydd, dy fod wedi gwneud y ddaear
yn gyfoethog o adnoddau, a gweddïwn ar i ni gymryd
ein dysgu i'w defnyddio'n gyfrifol:
heb eu gwastraffu ar yr hyn nad oes arnom ei angen;
heb lygru'r pridd a'r awyr a'r môr;
heb ddistrywio'n afradlon fywyd anifeiliaid a phlanhigion;
eithr yn hytrach fod yn ofalus i gyflwyno i eraill
y ddaear yn addas i fywyd dyn, er anrhydedd i'th enw;
trwy Iesu Grist ein Harglwydd. Amen.

Medi mewn Gorfoledd

189. TROI ANGAU YN DANGNEFEDD

Arglwydd, pa fodd y mae troi angau yn dangnefedd,
marwolaeth yn fywyd,
caethiwed yn rhyddid?
A fydd diwedd ar orthrwm y llawr?
A ddaw trais i ben?
Pa ddewis sydd gan y rhai sy'n rhy wan i weddïo,
yn rhy newynog i obeithio,
yn llipa o ddiymadferth? Pa ddewis sydd?
Ai ar gyfer y byd a ddaw yn unig y mae d'addewidion di?
Ni allwn gredu hynny, Arglwydd.
Ti, yr hwn a aeth o gwmpas gan wneuthur daioni:
iacháu'r cleifion, bwydo'r dorf â thorthau,
trugarhau wrth dlodion, cysuro'r digysur.
Darostyngodd y Tad ddeufyd, presennol ac i ddyfod, o dan dy draed.
Ai ni, Arglwydd, a fu'n rhwystr i ti gyflawni dy fwriadau?
Paham, O paham mewn oes wâr,
y gwelir pwerau dieflig yn diddynoli ein cydfforddolion?
O laid a charthion strydoedd Baghdad,
clyw ein cri;
clyw gwynfan babanod newydd-anedig y Swdan
ac wylofain Soweto,
lle mae lliw croen yn cau'r drws ar ddewis bywyd cyflawn.
Ni, Arglwydd, yw dy ddwylo, dy draed:
gwna ni yn well cyfryngau cyfiawnder.
Ni fydd i ninnau gyflawnder bywyd hebddynt hwy.
Ni pherffeithir ni heb deulu'r gorthrwm;
rhwymaist ni oll yn un rhwymyn bywyd.
Dyro i ni'r doethineb i weld hyn,
a'r gras i ymateb i ti'r hwn a geraist yr holl fyd.
Yn enw Crist, ein Harglwydd a'n Gwaredwr, Amen.

Cyril G. Williams

190. RHODDWR POB DAIONI

O Dad nefol, rhoddwr pob daioni,
gwna ni'n ddiolchgar am yr hyn a dderbyniasom o'th law;
gwna ni'n fwy bodlon am yr hyn sydd gennym;
gwna ni'n fwy ystyriol o anghenion pobl eraill;
a gwna ni'n fwy parod i'w helpu a'u gwasanaethu
yn ôl ein gallu, fel gwir weision ein Harglwydd Iesu Grist. Amen.

Medi mewn Gorfoledd

191. GRAS

Dyro i ni, O Arglwydd,
y gras i dderbyn yn siriol y pethau na ellir eu newid,
y dewrder i newid y pethau y gellir eu newid,
a'r doethineb i wybod y gwahaniaeth rhyngddynt. Amen.

Reinhold Niebuhr, (1892-1971)

192. CYSUR

O Dduw:
yr wyt yn dwyn gobaith o wacter,
egni o ofn,
bywyd newydd o dristwch a cholled.
Fel y dychwelodd Mair i alaru,
ac eto canfod llawenydd dwfn,
cysura'r un modd bawb sydd wedi colli eu cartrefi
trwy erledigaeth, rhyfel, alltudiaeth,
neu ddinistr bwriadol.
Rho iddynt sicrwydd, lle i fyw,
cymdogion y gellir ymddiried ynddynt
a chyd-fyw â hwy:
arwydd newydd o heddwch i'r byd. Amen.

Canolfan Sabeel, canolfan ecwmenaidd yn Jerwsalem

193. Crist y ffoadur

Hollalluog a thrugarog Dduw,
bu dy Fab yn ffoadur,
heb le i roi ei ben i lawr;
trugarha wrth y rhai sydd heddiw
yn ffoi rhag peryglon,
yn ddigartref a newynog.
Bendithia'r rhai sy'n eu hymgeleddu,
deffro haelioni a chydymdeimlad ynom ninnau;
ac arwain genhedloedd byd tuag at y dydd
pan fydd pawb yn llawenhau yn dy deyrnas o gyfiawnder a heddwch;
trwy Iesu Grist ein Harglwydd. Amen.

Canolfan Sabeel, canolfan ecwmenaidd yn Jerwsalem

194. Clywed eu cri

O Dduw, agor ein llygaid i weld anghenion eraill;
agor ein clustiau i glywed eu cri;
agor ein calonnau i deimlo'u poen a'u llawenydd.
Paid â gadael i ni fod ag ofn amddiffyn y gorthrymedig,
y tlawd, y di-rym
oherwydd dicter a nerth y grymus.
Dangos i ni lle mae angen cariad a gobaith,
a defnyddia ni i'w cyflwyno i'r lleoedd hynny.
Agor ein clustiau a'n llygaid, ein calonnau a'n bywydau,
fel y gallwn gyflawni ychydig waith dros heddwch a chyfiawnder
er dy fwyn di. Amen.

Canolfan Sabeel, canolfan ecwmenaidd yn Jerwsalem

195. Dros rai sy'n hyrwyddo trais

Gweddïwn dros y rhai sy'n hyrwyddo trais,
y rhai sy'n gwrthod maddau i eraill.
Boed i'r Arglwydd drawsnewid eu calonnau,
er mwyn iddynt geisio heddwch
a charu eu brodyr a'u chwiorydd.

O'r Côte d'Ivoire

196. Gwroli'r galon

Ein hangen pennaf, os gweli'n dda, O Dduw,
yw gwir heddwch yn y byd.
Heddwch meddyliol,
ie, dyna beth mae pawb yn gweddïo amdano.
Beth yw cyflwr ein byd?
Dere i weld y ffordd mae pobl yn dinistrio'r byd,
heb chwilio allan dy galon di,
heb chwilio allan dy feddwl di.
Yn wir, os ceisiwn heddwch,
bydd Duw'n rhoi heddwch i ni.
Heddwch sy'n gwroli'r galon;
a gwneud heddwch yw gwarant gobaith.

Ikoli Harcourt-Whyte, Nigeria

197. Grasusau'r Ysbryd Glân

O Dduw trugarog, gofynnwn i ti lenwi ein calonnau â grasusau'r Ysbryd Glân: cariad, llawenydd, tangnefedd, amynedd, addfwynder, ffydd a daioni. Dysg i ni garu'r rhai sy'n ein casáu, a gweddïo dros y rhai a wnêl niwed i ni, fel y byddwn blant i ti ein Tad, yr hwn sy'n peri i'w haul godi ar y drwg a'r da ac yn glawio ar y cyfiawn a'r anghyfiawn.

Anselm (1033-1109)

198. CREDU, ER POPETH

Credaf, er bod popeth yn dy guddio rhag fy ffydd.
Credaf, er bod popeth yn gweiddi, 'Na!'
Canys Duw digyfnewid yw sylfaen fy ffydd,
Duw sy'n gariad.

Credaf, er bod popeth fel petai'n marw.
Credaf, er nad wyf bellach yn dymuno byw.
Canys gair diffuant yw sylfaen fy mywyd,
gair Cyfaill, gair Duw.

Credaf, er bod popeth yn terfysgu fy mod.
Credaf, er fy mod yn teimlo'n unig mewn poen.
Canys nid yw Cristion sydd â'r Arglwydd yn gyfaill
yn gwamalu mewn anobaith ond yn sefyll yn gadarn mewn ffydd.

Credaf, er fy mod yn gweld pobl yn casáu.
Credaf, er fy mod yn gweld plant yn wylo.
Canys dysgais gyda sicrwydd ei fod yn dyfod i'n cyfarfod
yn yr oriau mwyaf anodd, gyda'i gariad a'i oleuni.

Credaf, ond cynydda Di fy ffydd.

O Porto Alegre

199. DROSOM NINNAU

Am y tangnefedd sydd oddi uchod ac am iachawdwriaeth pawb,
gweddïwn ar yr Arglwydd.
Am heddwch yr holl fyd, am les Eglwys sanctaidd Duw
ac am undeb pawb,
gweddïwn ar yr Arglwydd.
Dros weinidogion yr holl eglwysi ar iddynt gyflawni eu
gweinidogaeth â chalon dda ac â chydwybod bur,
gweddïwn ar yr Arglwydd.
Dros lywodraethwyr ein gwlad a phawb mewn awdurdod,
gweddïwn ar yr Arglwydd.
Dros y claf, y dioddefus, yr unig, y trist a'r rhai sy'n marw,
gweddïwn ar yr Arglwydd.
Dros y tlawd, y newynog, y digartref a'r rhai a erlidir,
gweddïwn ar yr Arglwydd.
Drosom ninnau, ar i ni,
gyda'r holl weision a'i gwasanaethodd ef yma
ac sydd yn awr yn gorffwyso
gael mynd i mewn i gyflawnder ei lawenydd diderfyn,
gweddïwn ar yr Arglwydd:
Arglwydd, gwrando ein gweddi.

Gwasanaeth Cymun Yr Eglwysi Cyfamodol

200. Dysg i ni wrando dy lais

Maddau inni, Arglwydd, fod ein bywyd mor llawn o sŵn fel nad ydym yn ymglywed â'th Ysbryd Sanctaidd yn sibrwd o fewn ein heneidiau.
Dysg i ni wrando dy lais
yn ein galw o'n cysgadrwydd a'n difaterwch,
yn dwysbigo ein cydwybod,
yn ein diddanu a'n nerthu yn ein gwendid,
yn ein gwahodd i orffwys ynot ac i rannu yn dy fywyd, ac
yn deffro ynom awydd i dyfu'n debycach i'r hyn yr wyt ti am i ni fod.
O glywed sŵn dy eiriau oddi mewn, a'th ganfod yng nghysegr sancteiddiolaf ein heneidiau, rho i ni hefyd y llawenydd a'r hyfrydwch o gymuno â thi.

Elfed ap Nefydd Roberts

201. Galw arnaf

Arglwydd Iesu, yr wyt yn galw arnaf;
yn y tlawd,
yn y newynog,
yn y llesg a'r gwan,
yr wyt yn gofyn am fy ngweddi a'm gwasanaeth.

Arglwydd Iesu, yr wyt yn galw arnaf;
yn y dioddefwr a'r sawl a ormesir,
yr wyt yn gofyn am fy ngweddi a'm gwasanaeth.

Arglwydd Iesu, yr wyf am dy ddilyn di;
pan fyddi di'n galw, helpa fi i glywed dy lais;
pan fyddi di'n cymell, cadw fi rhag edrych yn ôl;
pan fyddi di am fy nefnyddio mewn gweddi ac mewn gwaith,
helpa fi i roi fy hun yn llwyr ac yn ufudd i ti.

Elfed ap Nefydd Roberts

202. DROS YR HOLL GENHEDLOEDD

O Dduw ein Tad nefol, gweddïwn dros holl genhedloedd y ddaear ar i ti eu dwyn i heddwch, undeb a chyfiawnder. Cynorthwya'r cenhedloedd cyfoethog, mewn gostyngeiddrwydd ac edifeirwch am eu hanffyddlondeb yn y gorffennol, i gymhwyso dysgeidiaeth Crist yn fwy gonest atynt eu hunain a gweithredu egwyddorion ei gariad yn eu hymwneud â'r gwledydd tlawd. Nertha ni oll i symud o'n bywyd yr hyn sy'n anghyfiawn, fel y gallwn ddwyn beichiau ein gilydd mewn brawdgarwch ac adeiladu gwir ddinas Duw yn y byd; trwy Iesu Grist ein Harglwydd.

Elfed ap Nefydd Roberts

203. GWASANAETHU CYD-DDYN

Gwna ni'n deilwng, Arglwydd,
i wasanaethu'n cyd-ddynion trwy'r byd
sy'n byw a marw mewn tlodi.
Trwy'n dwylo ni heddiw, rho iddynt eu bara beunyddiol,
a thrwy ein cariad a'n tosturi ni,
rho dangnefedd a llawenydd; er mwyn Iesu Grist.

Y Fam Theresa

204. BYW FEL IESU

Dyro i ninnau, o Dduw, y gras angenrheidiol i adlewyrchu dy drugaredd di yn ein bywydau, gan faddau i'n cyd-ddyn bob camwedd i'n herbyn, a phob diffyg meddylgarwch tuag atom; gan edrych heibio i'r ffaeleddau hynny ym mywydau dynion eraill sy'n loes a phoendod i ni; gan geisio cymod nid yn unig â'n hanwyliaid a droseddodd i'n herbyn, ond â'n gelynion hefyd beunydd; a chan geisio byw yn debycach i Iesu Grist dy Fab.

Gweddïau yn y Gynulleidfa

205. CYNDYNRWYDD

Arglwydd, bydded i ni geisio deall dy ewyllys di, a thrwy hynny fod yn gymorth i ddod â heddwch a chreu tangnefedd yn ein dyddiau. Cadw ni rhag bod yn rhy brysur i fod yn garedig; rho ysbryd tynerwch a brawdgarwch yn ein calon. Yr ydym wedi gofyn yn ein gweddïau lawer tro am i ti wneud y ddaear fel y nef. Rho i ni sylweddoli mai trwy ein hymdrechion ni i gyflawni dy ewyllys y gwelwn y patrwm nefol ar ein daear. Trwom ni, bydded digonedd yn lle newyn, goleuni yn lle tywyllwch, heddwch yn lle helynt, a glendid moes ar yr orsedd yn lle aflendid a phydredd. Yr ydym yn cyfaddef ger dy fron y gwyddom y gall hyn fod, ond i ni agor ein bywydau i ti. Maddau i ni ein bod mor gyndyn i wneud hynny.

Emyr Owen

206. CARU DUW

O Arglwydd, dyro i mi dy garu â'm holl galon ac â'm holl feddwl ac â'm holl enaid, a charu fy nghymydog er dy fwyn di, fel y trigo ynof gariad brawdol, a marw ynof bob cenfigen a gerwinder a drwg ewyllys. Llanw 'nghalon â meddyliau o gariad a thangnefedd a thosturi, a thrwy geisio llawenydd a daioni i eraill, a chydymdeimlo â hwy yn eu gofidiau a'u treialon, a bwrw ymaith bob annhegwch a beirniadaeth lem, dy ddilyn di sydd yn gywir ac yn berffaith. Amen.

Lewis Valentine

207. EU BARA BEUNYDDIOL

Cadw ni, O Arglwydd, rhag anghofio eraill yn ein byd, y miliynau o bobl a phlant sydd ar eu cythlwng, yn marw o eisiau bwyd. Rho ar ein calon i rannu dy fendithion, fel na fo cyni nac eisiau ar neb. Defnyddia ninnau, fel y defnyddiaist dy ddisgyblion gynt, i ddwyn bara i'r torfeydd ac i'w harwain at yr unig Un a all eu digoni, sef Iesu Grist ein Harglwydd.

Llyfr Gwasanaeth (Ieuenctid)

208. COFIA'R BYD, O FEDDYG DA

Cynorthwya ni, O Dad nefol, i'th addoli. Sylweddolwn na allwn dy addoli heb ein tywys gan dy Ysbryd di. Gwared ni rhag dyfod ger dy fron â'n teyrngarwch yn rhanedig. Gwyddom dy fod am i ni dy garu â'n holl nerth. Gwyddost ein bod am gadw rhyw ran o'n bywyd o dan ein llywodraeth ein hunain, ond yr wyt ti'n teilyngu ac yn hawlio'r cyfan. Dyro ras i ni fel y gallwn roi ein calonnau'n llwyr i ti.

Tra ydym yn cydnabod hawliau awdurdodau daearol, boed i ti ein cynorthwyo i gydnabod dy hawliau di, ac i weld bod dy hawliau di'n dyfod o flaen pob hawl arall. Gwyddom y bydd rhoi'r flaenoriaeth i ti'n golygu gollwng gafael ar lawer o bethau a anwylir gennym, ond gwyddom hefyd mai'r sawl a roddodd y lle blaenaf i'th hawliau di sydd wedi llesoli'r byd. Gad i ninnau weld o'r newydd nad oes diogelwch ond yn dy ymyl di, ac na allwn fyw'n llawn ond wrth fyw'n unol â'th ewyllys sanctaidd.

Defnyddia bawb ohonom, a phâr ein bod i gyd yn ein gwahanol gylchoedd yn cynorthwyo i ledaenu dy deyrnas. Gad i ni brofi dy fod yn Dad i ni a'n bod ninnau'n blant i ti. Diolchwn am bob arwydd ac amlygiad o ddaioni sydd yn y byd, a gweddïwn dros y sawl sydd heb weld digon o ddaioni i allu credu yn dy ddaioni di. Cyflwynwn i'th sylw bawb sydd mewn poenau a galar a phryder.

> Cofia'r byd, o feddyg da!
> a'i flinderau;
> tyrd yn glau a llwyr iachâ
> ei ddoluriau.

Er mwyn Iesu Grist. Amen.

D. L. Eckley

209. Adnabod Duw yn well

O Dduw, ein creawdwr a'n cynhaliwr, dyro gymorth dy Ysbryd i ni, fel y deuwn i'th adnabod yn well o ddydd i ddydd. Diolchwn i ti am y dynion hynny a dadogai bob daioni arnat, er iddynt drwy anwybod fethu'n fynych. Felly, tywys ni at y Mab, yr hwn a'th fodlonodd, fel y dysgom nad ein gwaredu ein hunain, nac ychwaith dderbyn ffafrau amheus, yw diben pennaf bywyd, eithr yn hytrach wneud dy ewyllys di. Gad i hyn fod yn fwyd ac yn ddiod i ni, rhag ein llithio gan wobrau dyn, a phlygu ohonom gerbron allorau'r foment.

Cadw'n golwg arnat, a golch ein deall â'th oleuni, fel pan gilio niwloedd casineb, ac y llonyddo tymhestloedd brad, y byddwn yn syllu ar y brenin Iesu ar ei orseddfa, lle mae'r awel fyth yn dyner, a'r wybren heb staen pechodau'r byd. Dyro i ni glywed ei hyfrydlais heddiw, rhag ein hysgubo o flaen cenlli anwiredd y ddaear. Deisyfwn hyn gennyt er mwyn yr Iesu dihalog. Amen.

E. Lewis Evans

210. Brenin Cyfiawnder

O Dduw, Brenin Cyfiawnder, gweddïwn arnat ein harwain yn ffyrdd uniondeb a thangnefedd; ysbrydola ni i ddymchwel pob gormes ac anghyfiawnder, i sicrhau i bob dyn ei briod wobr, ac oddi wrth bob dyn ei briod wasanaeth, fel y bydd i bob un fyw i bawb, ac i bawb ofalu am bob un, yn enw Iesu Grist ein Harglwydd. Amen.

William Temple (1881-1944)

211. TYDI YW HEDDWCH Y BYD

O Arglwydd, ein Duw bendigedig, tydi yw heddwch y byd, a'th ewyllys yw denu pob dyn i fwynhau llawenydd dy gymdeithas. Llefara wrth dy weision sydd yn gwrando arnat. Cymer ni wrth ein dwylo a sibrwd wrthym, 'Nac ofnwch canys yr wyf fi gyda chwi, gelwais chwi wrth eich enwau, yr eiddof fi ydych.' Rho ysbryd ymddiried cryf ynom fel y ffy pob ofn a phryder, ac fel y rheoler ein bywyd gan dawelwch a thangnefedd. Mewn tawelwch ac ymddiriedaeth y bo'n nerth a'n cadernid. Dangos i ni fyd wedi ei reoli a'i gyfarwyddo gennyt ti, a rho i ni deimlo o'n cwmpas ym mhobman dy alluoedd tirion ac anweledig. Dyro i ni gymdeithas felys â'th feddwl a'th fywyd di. Dyro i ni gofio nad ysbryd ofn a roddi i neb, ond ysbryd nerth a chariad. Dyro ffydd fuddugoliaethus i ni, a gwroldeb a chalon hyderus a chariad sydd yn llewyrchu ar bawb, er mwyn dy gariad di. Amen.

Samuel Mc Comb

212. CYFRYNGAU DY DANGNEFEDD

Arglwydd, gwna ni'n gyfryngau dy dangnefedd, i hau cariad lle bo casineb, i faddau lle bo cam, i uno lle bo ysgar, i blannu ffydd lle bo amheuon a gobaith lle bo digalondid, i hau goleuni lle bo tywyllwch a llawenydd lle bo tristwch. Er mwyn dy drugaredd a'th wirionedd. Amen.

Ignatius, cyf. Ifan Wyn Evans

213. Deled dy deyrnas

Ein Tad sanctaidd a thrugarog,
cynorthwya ni hefyd i fod yn drugarog
wrth y rhai sydd yn ein byd anghenus
yn gweiddi am drugaredd.
Mae cymaint yn ein byd sy'n dioddef
oblegid anghyfiawnder,
ac ar adegau
fe deimlwn yn hollol annigonol i'w cynorthwyo.

Gwyddom,
trwy i ni weld a chlywed, yn feunyddiol bron,
ar radio a theledu,
am y rhai sy'n newynu
– yn ddynion a gwragedd ac yn blant bychain –
a'r olwg fwyaf truenus arnynt.

Dwysbiga ni
wrth weld y rhai sy'n marw o newyn,
a gwna ni'n barod i rannu'n hadnoddau â hwy
fel y cânt well cyfle i fyw.
Achub y plant, O Arglwydd.

Maddau i ni
fod gennym gymaint o bethau materol yn ein meddiant,
a ninnau mor amharod i'w rhannu
â'r rhai sydd mewn eisiau.

Mor gyfarwydd ydym
â chlywed am y rhai sy'n cael eu gorthrymu
nes ein bod yn methu cydymdeimlo â hwy.
Maddau fod gormes yn parhau yn ein byd,
a'n bod ninnau mor amharod i gydnabod

mai brodyr a chwiorydd i'n gilydd ydym
a'n bod yn perthyn i'r un teulu dynol.
Gad inni weld yn gliriach
beth yw gofynion Efengyl Iesu ar bob un ohonom,
a thrwy hynny weithredu dy ewyllys di
'fel bo i eraill trwom ni adnabod cariad Duw'.

Gwyddom am y trais a ddigwydd yn ein byd:
y cryf yn treisio'r gwan,
y cyfoethog yn treisio'r tlawd,
y tirfeddiannwr yn treisio'r rhai na feddiannant ddim
ac nad oes ganddynt neb yn gefn iddynt.

Wrth ddiolch i ti
am y cysuron hynny sy'n gwneud bywyd
yn haws ac yn gyfoethocach i bob un ohonom,
am gartrefi a cheraint,
fe gofiwn am y rhai sy'n ddigartref ac unig.

Maddau i ni am fod yn glustfyddar
i ochenaid y rhai sy'n erfyn am ymwared,
a rho gyfle i ni
i gynnig cyfeillgarwch iddynt yn eu hunigrwydd.

Maddau i ni am hagru dy fyd,
a gwna ni'n weithwyr a fydd yn ymdrechu'n ddyfal
i gadw'r byd yn ei lendid cynhenid.

Gwna ni'n bobl a fydd yn barod i weithio
er mwyn sefydlu dy deyrnas
ar y ddaear yn ein dyddiau ni.
Deled dy deyrnas, Arglwydd, gan ddechrau yn fy mywyd i.

Richard Jones

214. Bydd di yn Dduw

Arglwydd, deued dy deyrnas i'n plith fel y gelli Di fel Brenin reoli ein calonnau â'th Ysbryd nefol; a ninnau fel deiliaid ufudd yn cymryd ein rheoli gennyt. Bydd Di yn Dduw i ni, a gad i ninnau fod yn bobl i Tithau; bydd Di yn Dad, a ninnau yn blant; Tydi yn Arglwydd, a ninnau yn weision; Tydi'n erchi, a ninnau'n ufuddhau; Tydi'n gwahardd, a ninnau'n ymgadw, fel y gwnelom dy ewyllys ar y ddaear fel y mae'r angylion yn ei gwneuthur yn y nef, nid dros un peth ond ym mhob peth, nid dros dro ond yn dragywydd, nid yn ddiog ond yn ewyllysgar, fel y gogonedder dy Enw ar y ddaear fel yr ydys yn ei ogoneddu yn y nef.

Rhys Prichard, (1579-1644)

215. Tangnefedd ar y ddaear

O Dduw Hollalluog, trwy Deyrnas yr hwn yn unig y daw tangnefedd i'r ddaear hon, datguddia dy ddeddf o'r newydd fel y plyg pob dosbarth a phlaid a chenedl a hil ger ei bron, a'th gariad tragwyddol fel y cânt gyd-fyw mewn undeb a llawenydd.

O Dduw, Brenin Cyfiawnder, nertha ni i ddymchwel
pob tra-arglwyddiaeth a thrais, ac i sicrhau i bob un y gyflog a haedda, ac oddi wrth bob un ei wasanaeth dyledus.

Ni fedrwn ni godi cleddyf yn erbyn cenedl ac ni ddysgwn ryfel mwyach am i ni ddod yn blant tangnefedd er mwyn Iesu, ein Harweinydd.

Origen OC175, cyf. Ifan Wyn Evans

216. BENDITHION YN EIN TIR

Diolchwn i ti, Dad, am y bendithion a brofwn yn ein tir: am heddwch, am gael osgoi trychinebau naturiol, am sefydlogrwydd llywodraeth, am oddefgarwch rhwng yr hiliau, am ryddid addoli, am adnoddau cyfoethog sydd dan y ddaear ac yn y môr. Ond Dad, rhwystra dy blant rhag bod yn dew a diog, a rhag bodloni ar gyflawni gofynion nad ydynt yn gofyn am lawer o aberth. Cynorthwya dy eglwysi i ddod â'r newyddion da i'r tlodion, ac i gael eu cyffwrdd gan y sawl sy'n eistedd yn nhywyllwch pechod.

O Malaysia

217. CYWIRA DY AIR

O Dduw, y mae dy Air yn ddiffrwyth
pan yw'r treisgar heb ei ddarostwng,
a'r darostyngedig yn dal i gael ei sathru dan draed,
pan ddigonir y cyfoethog â phethau da
a gadael y tlawd heb ddim.

Cywira dy Air, o Dduw, gan ddechrau gyda ni;
tynera ein calonnau, agor ein clustiau,
er mwyn inni glywed llais y tlodion
a bod â rhan yn eu brwydr;
ac anfon ni ar ein taith
gyda newyn a hiraeth yn ein calon
am i'th addewidion gael eu gwireddu yn Iesu Grist. Amen.

Janet Morley, cyf. Maurice Loader

218. AMRYWIAETH

Arglwydd Dduw, a ddewisaist genedl yn grud i'th fwriadau dwyfol, ac yn llwyfan i groesawu dy Fab Iesu Grist i'n byd er mwyn dwyn gwaredigaeth a gobaith i'th blant, derbyn ein diolch am genhedloedd y ddaear. Dathlwn yr amrywiaeth mewn iaith a diwylliant a chelfyddyd sy'n nod amgen iddynt, ac fe'th glodforwn di am y golud a ddaeth i fywyd pawb ohonom, nid yn unig trwy ein cenedl ein hunain, ond hefyd drwy genhedloedd eraill ein byd, eu ffydd a'u cred, eu diwylliant a'u dawn, eu masnach a'u diwydiant.

Mawrhawn, o Arglwydd Dduw, bob ymgais i ddwyn cenhedloedd byd i berthynas â'i gilydd, mewn cyd-ddealltwriaeth a chydweithrediad. Diolchwn am y cymdeithasau a'r asiantau hynny sy'n cydweithio i ddwyn heddwch a chyfiawnder i'n byd, gan ddiogelu hawliau dynol, a chreu dolennau brawdgarwch a pherthynas, er mwyn bwydo'r newynog a diogelu hawliau'r tlawd a'r difreintiedig. Llawenhawn ym mhob gweledigaeth sy'n dyrchafu bywyd cenhedloedd unigol, a thrwy hynny, yn cyfoethogi'r byd yn gyfan.

Gweddïwn yn arbennig, heddiw, am yr asiantau hynny sy'n ddyfal eu hymdrechion o blaid heddwch, a boed i'r ymdrechion hynny ddwyn ffrwyth ar ei ganfed, gan ymlid trais a dinistr, a gorseddu yn eu lle gymod a brawdgarwch a heddwch.

Derbyn ein heiriolaeth, Arglwydd, dros bawb sy'n dioddef o ganlyniad i ryfel a diffyg cymod. Cofiwn yn arbennig y diniwed sydd ar drugaredd y cryf arfog ym mhob oes. Cysura'r gweddwon a'r amddifaid y lladratawyd eu hanwyliaid oddi arnynt, a hynny'n fynych ym mlodau eu dyddiau. Dosturiol Arglwydd, llanw'r gwacter sydd yn eu bywyd â'th bresenoldeb dy hun.

Arglwydd, trugarha wrthym ninnau am i gasineb gael tir ffrwythlon yn ein calon, ac am ein methiant i ddilyn esiampl Iesu Grist dy fab mewn cymod a maddeuant:

Am imi lynu'n llwybrau hunan-les,
a gado 'mrawd i'w glwyfau ar y ffordd,
a galw trechu'n rhaid gan gyrchu 'mlaen –
o Dduw, edifar wyf.

Clyw ein cri, a maddau'n gwrthryfel yn erbyn dy ewyllys, yn enw Iesu Grist, a'n dysgodd i weddïo, gan ddweud, Ein Tad ...

Maurice Loader

219. FI YW'R PLENTYN

Fi yw'r plentyn sy'n byw ar y stryd;
Gweddïa drosof.
Fi yw'r plentyn sydd mewn gwersyll ffoaduriaid;
Gweddïa drosof.
Fi yw'r plentyn sydd wedi ei guddio mewn cartref plant amddifad;
Gweddïa drosof.
Fi yw'r plentyn sy'n chwilio am fy rhieni;
Gweddïa drosof.
Fi yw'r plentyn sy'n marw o newyn;
Gweddïa drosof.
Rhanna dy gerddoriaeth, dy addysg, dy gyfoeth gyda mi.
Rhanna dy esgidiau, dy fwyd, dy flancedi, dy danwydd, dy deganau gyda mi.
Rhanna dy syniadau, dy ddychymyg, dy ddoniau, dy amser, dy freuddwydion gyda mi.
Rhanna dy fyd gyda mi.
Dylai fod yn perthyn i mi hefyd.

Gweddi 'Children's Aid Direct'

220. Newid

Dduw, ein Creawdwr, wrth i ni uno gyda rhychwant eang o Gristnogion mewn gwahanol eglwysi sy'n gweddïo dros ffoaduriaid, sylweddolwn ein bod, mewn gwirionedd, yn gweddïo am newid yn ein cymdeithas ni.

Gweddïwn dros y gwleidyddion, iddynt fod yn barod i rannu llewyrch eu gwledydd â phawb – nid dim ond eu dinasyddion eu hunain. Anfon atynt rywun a fydd yn rhoi enw ac wyneb dynol i'r broblem ffoaduriaid, gan ddangos iddynt pa mor annynol yw eu deddfau.

Gweddïwn dros newyddiadurwyr ac eraill sy'n gweithio i'r cyfryngau, gan ddylanwadu ar y farn gyhoeddus. Anfon i'w profiadau ddigwyddiadau fydd yn eu hatal rhag sinigiaeth, a gwahodd hwy i ddefnyddio'u gallu i greu hinsawdd fwy cyfeillgar ar gyfer ffoaduriaid.

Gweddïwn dros yr heddlu a swyddogion mewnfudo yn y meysydd awyr, sydd â'r grym i effeithio ar fywydau pobl – yn aml heb wir wybodaeth am eu sefyllfa. Anfon i'w bywydau bobl a all eu cynorthwyo i ddeall realiti'r ceiswyr lloches.

Gweddïwn dros ddinasyddion cyffredin ein gwledydd, fel na fyddwn yn naïf neu'n ddifater, ond i uno gyda'r rhai sy'n gweithio i liniaru poen a gofid y ffoaduriaid.

Dduw, ein Creawdwr, trugarha wrthym ni sy'n gweithredu fel petai rhyddid, heddwch a llewyrch ein gwledydd ar ein cyfer ni yn unig.

Dduw, ein Creawdwr, helpa ni i newid fel pobl, i newid ein hagweddau, yn ogystal â'n deddfau. Amen.

O'r Ffindir

221. YSBRYD NERTHOL

O Ysbryd Glân, tafod o dân, disgyn arnom fel y disgynnaist ar y disgyblion a ymgasglodd yn yr oruwchystafell i weddïo. Sancteiddia ni, rhyddha ni o garchar pechod a rho i ni dy nerth i allu siarad ag un llais.

Wynt nerthol, ysguba dros ein tiroedd a gad i'th sŵn ddwyn y bobl deyrngar ynghyd ymhlith yr holl genhedloedd dan yr haul. Cynorthwya ni i fynegi buddugoliaeth bywyd dros farwolaeth a gafwyd trwy'r atgyfodiad, a gwna ni'n arwyddion o'r gobaith bywiol ac yn dystion i'th heddwch di.

Roddwr bywyd, aros ynom, trawsffurfia ni o'n cyflwr presennol i fod yn fodau ffyddlon i'r bywyd newydd sydd yn Nuw. Ynghyd â phawb arall, pob cenedl a phobl, gad i ni fod yn rhan o'r cyfnod newydd, cyfnod y trawsffurfio, pan fo cariad yn goresgyn casineb, trafod yn goresgyn trais, maddeuant yn drech na dialedd, a'r awydd i rannu'n drech na hunanoldeb.

Y Nerth sy'n uno, helpa ni i symud o gyflwr Babelaidd y rhaniadau ethnig a chrefyddol i Bentecost yr undod yn amrywiaeth ein doniau, traddodiadau a'n diwylliannau. Gwna ni'n negeseuwyr y newyddion da, yn apostolion heddwch.

Cyngor Eglwysi'r Dwyrain Canol

222. Salm i'r Tangnefeddwyr

Arglwydd ein heddwch,
ohonot ti y tardd pob tangnefedd;
ti yw ffynhonnell pob dedwyddwch
a sail pob cymod.

O ganol bwrlwm ein bywyd,
at bwy y trown i geisio tawelwch ond atat ti?
Ti yn unig a all lonyddu'r ysbryd anniddig
ac estyn balm i enaid mewn gwewyr.

Bu i rai o'th blant ddrachtio mor ddwfn o'th gostrelau dihysbydd
nes dyfod ohonynt hwythau
yn llestri i weini dy hedd.
Drwyddynt hwy fe brofwyd y grym sydd mewn gwasanaeth;
cadernid disyflyd eu hargyhoeddiad
a amlygwyd mewn gweithredoedd o drugaredd.

Y rhai hyn a wisgodd dy heddwch fel mantell,
ac a wasgarodd gymod fel gwlith.
Diystyrwyd eu safiad gan y cibddall;
fe'u galwyd yn Gynddilig gan y diddeall.
Daeth i'w rhan ddirmyg rhai a fu'n gyfeillion,
gwawd ac amarch rhai gynt a fu'n unfryd â hwy.
Eto buont yn fodlon dioddef anfri,
gan gadw eu hurddas yn wyneb awelon croes.

Bu iddynt fyw eu proffes yn Ewrop y cysgodion;
safasant yn iawn dros gyd-garcharorion yn eu hofn a'u gwendid.
Yn dawel dodasant eu henaid yn bridwerth,
a'u henwau a gyfyd fel arogldarth dros domennydd y blynyddoedd.

Awdur pob heddwch,
molwn di am bob un a ddyrchafodd lef o'th blaid –
y llef sy'n atseinio ar awelon y Preselau,
yn sibrwd yn suon tonnau glannau Llŷn.
Am yr eneidiau tyner fe bery sôn yn yr Allt-wen a Rhydcymerau,
a meini yn Nhregaron a Llansannan a lefara amdanynt hwy.

Baneri a ddyrchafwyd yn Aldermaston
a phebyll a godwyd yn Greenham
gan rai a heriai yn ddi-drais
gynddaredd a dinistr.
Gwae ni na fu i ni gyd-gerdded â hwy i leisio ein hofnau,
na chyd-eistedd i ddatgan ein hanfodlonrwydd.

Gyda dyfod blagur Mai o flwyddyn i flwyddyn,
neges plant Cymru a gerdda donnau'r awyr
gyda chyfarchiad o heddwch i ieuenctid byd.
Erfyniwn am galonnau parod i gofleidio neges y golomen
ac i droi'r gair yn weithred o gymod ledled daear.

Dywysog ein tangnefedd,
ymlid o gilfachau ein calonnau egin malais a chenfigen,
rhag gwreiddio ohonynt a ffynnu,
a thyfu'n ddrain dialgar i dagu ysbryd cariad a thangnefedd.
Dyro i ni nerth i fod yn dyner,
cadernid i sefyll dros y gwan.
Yna, Dad pob addfwynder,
gwna ninnau yn gostrelau dy heddwch,
yn llestri i ddwyn tangnefedd ar y ddaear.

Myfanwy Bennett-Jones

223. LITANI HEDDWCH A CHYFIAWNDER

Arweinydd: O Dduw, dy eiddo yw'r nefoedd
a'th eiddo yw'r ddaear hefyd.
Dy eiddo yw bywyd i gyd.

Pawb: Gwna ni'n genhadon heddwch a chyfiawnder.

Arweinydd: Deled dy deyrnas, a gwneler dy ewyllys
ar y ddaear fel yn y nef.

Pawb: Gwna ni'n genhadon heddwch a chyfiawnder.

Arweinydd: Boed i'r holl anghyfiawnder, trais a gorthrwm
ildio i degwch, trugaredd ac ewyllys da.

Pawb: Gwna ni'n genhadon heddwch a chyfiawnder.

Arweinydd: Dysg ni i ddefnyddio adnoddau cyfoethog y ddaear
heb wastraffu dim fel bod pob angen yn cael ei
ddiwallu.

Pawb: Gwna ni'n genhadon heddwch a chyfiawnder.

Arweinydd: Yn ein gwaith, boed i gydweithio drechu gwrthdaro,
a boed i bawb gael budd
mewn gwaith sy'n gwasanaethu lles pawb.

Pawb: Gwna ni'n genhadon heddwch a chyfiawnder.

Arweinydd: Cadw'r fflam ynghynn yng nghalonnau
pawb sy'n mentro lleisio doethineb amhoblogaidd.
Gwna ni'n barod i wrando.

Pawb: Gwna ni'n genhadon heddwch a chyfiawnder.

Arweinydd: Llanw ni ag angerdd am gyfiawnder
a brwdfrydedd i wasanaethu lle bo angen.
Llanw ni â phwrpas sy'n sanctaidd a chyfiawn.
Helpa ni i garu'r anrhydeddus a'r gorau.

Pawb: Gwna ni'n genhadon heddwch a chyfiawnder.
I ti, o Dduw, y bo'r grym a'r mawrhydi,
y nerth a'r gogoniant,
yn awr a hyd yn oes oesoedd. Amen.

Walter Russell Bowie (addasiad)

224. GWEDDÏAU O EIRIOLAETH

Arweinydd: Gweddïwn y bydd y bobl sy'n llywodraethu yn gwybod sut i lywodraethu'r cenhedloedd yn dda. Gweddïwn am adferiad economaidd ac am gael creu swyddi i bob un. Boed i'r rhai sydd mewn caledi economaidd droi atat ti er mwyn cael nerth.

Pawb: Arglwydd, rho iddynt ystyr a hunaniaeth trwy Iesu Grist. Boed i'th Eglwys weithredu'n garedig at y di-waith.

Arweinydd: Gweddïwn am wŷr a gwragedd a phlant sy'n byw yng nghanol tensiwn ansicrwydd gan fod eu henillwyr cyflog wedi colli eu gwaith. O Dduw, bydd drugarog wrthynt a chlyw eu cri o newyn ac ofn.

Pawb: Arglwydd, yn dy drugaredd, amgylchyna hwy â phobl sy'n gofalu amdanynt ac a rydd gymorth ymarferol iddynt.

Arweinydd: Gweddïwn dros swyddogion llywodraethau, na fydd eu gwaith o wneud penderfyniadau a gweithredu polisi yn gwahaniaethu yn erbyn pobl sy'n arddel ffydd wahanol i'r eiddynt hwy, ac y bydd ganddynt ddoethineb i hyrwyddo cytgord ac undeb crefyddol rhwng grwpiau ethnig.

Pawb: Arglwydd, amddiffyn dy bobl yn erbyn drygioni dynol, er mwyn iddynt ddarganfod gwir ddiogelwch yng ngwybodaeth dy benarglwyddiaeth di.

Arweinydd: Gweddïwn am gymod rhwng cenhedloedd. Gweddïwn y bydd Cristnogion ac eglwysi'n gyfryngau i'r cymod hwn.

Pawb: Arglwydd, cynorthwya dy bobl i fod yn ddewr wrth gyhoeddi neges cymod.

CWM

225. Gweddi o Ghana

O Dduw mawr a rhyfeddol,
rydym yn fwy na dau neu dri,
a gwyddom dy fod ti gyda ni.

Hoffem garu'n cymdogion.
Rho inni dy Ysbryd i'n helpu.
Carwn ein ffrindiau yn unig.

Newid hyn.

Bydded inni weld y bobl ifainc eraill sydd yn ein dinas.
Bydded inni weld ein brodyr.
Rwyt ti'n gweld ein brodyr sydd ymhell.
Rwyt ti'n clywed y modd y gweddïant drosom ni.
Rwyt ti'n gweld beth maen nhw'n wneud drosom ni.
Hoffem roi yn ôl iddynt
yr hyn a roesant i ni yn dy enw di.
Bydded i ni fod yn frodyr,
yn frodyr gwir, ar draws pob math o ffiniau,
fel y gwêl y byd y ffordd y mae dy gariad di yn gweithio.

O Arglwydd, gweddïwn dros ein brodyr;
yr hyn sy'n rhoi dolur iddyn nhw sy'n rhoi dolur i ninnau, ac i ti.
Wnei di sefyll yn eu hymyl yn eu heisiau a'u herledigaeth?
Rho iddynt dy nerth a'th ddewrder
fel na syrthiant.
Mae arnynt angen dy Ysbryd Sanctaidd
fel na chasânt eu herlidwyr.

Ie, Arglwydd annwyl,
na fydded i ni daro â geiriau.
Tawela'n calonnau.

Bydd yn fara dynion i'r rhai sydd hebddo.
Bydd gyda'r rhai sydd â phob peth ganddynt.
Bydd gyda'r newynog,
a'r rhai sy'n bwrw heibio hanner eu bwyd.

Dy blant ydym i gyd.
Mae dy eisiau arnom.
Mae eisiau dy gariad
fel y gallwn fyw gyda'n gilydd.

Rwyf mor hapus
'mod i'n medru perthyn i'th dylwyth di. Amen.

O Ghana, cyf Emlyn a Huw Jenkins

226. Gweddi Ryngwladol Dros Heddwch

(Offrymir hon gan bobl o bob ffydd ar draws y byd ar ganol dydd, bob dydd)

Arwain fi o farwolaeth i fywyd,
o anwiredd i wirionedd.
Arwain fi o anobaith i obaith,
o ofn i ymddiriedaeth.
Arwain fi o gasineb i gariad,
o ryfel i heddwch.
Boed i heddwch lenwi ein calonnau, ein byd, ein bydysawd.
Heddwch, Heddwch, Heddwch.

Addasiad Satish Kumar o weddi o'r Upanishads

227. DEWISWN FYWYD

Arweinydd: Mae gwrthdaro rhwng grym bywyd a grym marwolaeth
yn ymdreiddio drwy'n holl fodolaeth.
Effeithia ar bob un ohonom;
mae gennym ddewis.
Dewiswn fywyd a heriwn rym marwolaeth.

Llais 1: O Dduw, a'n deffrodd ni i fywyd,
agor ac ymestyn ein calonnau
i ofalu am y byd.

Llais 2: Gweddïwn dros y rhai sy'n rhy flinedig,
fel y medrant ddyrchafu eu llygaid a'u calonnau,
a thros y rhai sy'n pryderu am yr hyn
y gallent ei golli
petaent yn edrych yn rhy agos ar y byd.

Llais 3: Diolchwn am y rhai sy'n teimlo poen y deffroad,
ac sydd, wrth gofleidio dy deulu byd-eang,
yn torri trwodd i lawenydd.

Arweinydd: Mae marwolaeth yn fferru fy nghalon,
yn dweud wrthyf fod rhyfel, newyn a'r bygythiad i'r blaned yn rhy boenus i un fel fi;
mae'n dweud wrthyf am gysgu.

Pawb: Cydunwn i herio grym marwolaeth.

Arweinydd: Mae bywyd yn cyffroi yn fy nghalon,
yn dweud wrthyf fod Duw i'w weld
yng nghlwyfau'r ddaear ac yn hanesion y tlawd;
mae'n dweud wrthyf am ddeffro.

Pawb: Dewiswn fywyd i'r holl gread.

Llais 1: O Dduw, sy'n rhoi ystyr i fywyd,
agor ac ymestyn ein meddyliau
i ddeall dy gyfiawnder di.
Llais 2: Gweddïwn dros y rhai sydd â'r modd i fyw'n
foethus ond sydd heb ddim i fyw er ei fwyn.
Llais 3: Rhoddwn ddiolch am y rhai hynny o blith y tlawd
sydd bron heb fodd i fyw,
ond eto sydd, gyda'u hegni a'u cadernid,
yn ein dysgu sut i fyw.

Arweinydd: Mae marwolaeth yn pylu fy meddwl,
yn dweud wrthyf fod dioddefaint yn anochel,
nad yw ffydd a gwleidyddiaeth yn cymysgu,
ac yn gwneud i mi chwilio am ystyr
yn fy hunanoldeb yn unig.
Pawb: Cydunwn i herio grym marwolaeth.
Arweinydd: Mae bywyd yn ysgogi'r meddwl,
yn dweud wrthyf fod Duw i'w weld
yn ymdrechion pawb i ddod o hyd
i ystyr a phwrpas;
mae'n dweud wrthyf am ymuno â hwy.
Pawb: Dewiswn fywyd i'r holl gread.

Llais 1: O Dduw, rwyt ti'n rhagweld teyrnas gyfiawn;
agor ac ysbrydola ein heneidiau
fel y gallwn hiraethu am yr hyn
nad yw eto'n bod.
Llais 2: Gweddïwn dros y rhai sydd heb obaith,
â'u breuddwydion wedi'u bradychu.
Llais 3: Rhoddwn ddiolch am y rhai
sydd yn canfod dy weledigaeth di,
sydd yn barod i fentro popeth
er mwyn creu byd newydd.

Arweinydd: Mae marwolaeth yn parlysu fy enaid,
yn dweud wrthyf mai peth naturiol
yw cystadlu, gormes a thrais,
ac na fydd dim yn newid;
mae'n dweud wrthyf am gydymffurfio.

Pawb: Cydunwn i herio grym marwolaeth.

Arweinydd: Mae bywyd yn rhoi gollyngdod i'm henaid,
yn rhoi cân newydd i mi i'w chanu;
mae'n dweud wrthyf am edrych â llygaid Duw.

Pawb: Dewiswn fywyd i'r holl gread.

Llais 1: O Dduw, sydd yn cynnig natur newydd i ni,
agor a nertha ni.

Llais 2: Gweddïwn dros y rhai a lethwyd gan dlodi,
ac a gollodd eu cartrefi;
dros y rhai a lethir gan eu heiddo,
ac a gollodd ystyr eu bodolaeth.

Llais 3: Rhoddwn ddiolch am y rhai hynny
sydd yn ymwybodol o'u hurddas fel plant i ti;
cynorthwya eraill i ddod o hyd i'w hurddas hwy.

Arweinydd: Mae marwolaeth yn sugno fy nerth;
yn dweud wrthyf y bydd Duw yn gweithredu heb fy
help i achub y blaned ac i godi'r tlawd;
ac y mae'n dweud wrthyf i fodloni fy ngwanc.

Pawb: Cydunwn i herio grym marwolaeth.

Arweinydd: Mae bywyd yn rhoi nerth i mi;
mae'n dweud wrthyf fod ar Dduw fy angen –
galon, meddwl, enaid a chorff;
mae'n dweud wrthyf am ddathlu
yn unig beth yr wyf yn ei rannu.

Pawb: **Dewiswn fywyd i'r holl gread.**
Gadewch i ni rannu gyda Duw
y gwaith o esgor ar oes newydd.

Yr ydym am ddathlu bywyd!
Gwaeddwn yn erbyn popeth sy'n difa bywyd –
newyn, tlodi, diweithdra, salwch,
gorthrwm, hunanoldeb, anghyfiawnder.
Mynnwn gyhoeddi llawnder bywyd –
gwaith, addysg, iechyd, cartrefi, bara i bawb.
Deisyfwn gymundeb, byd wedi'i adnewyddu.
Gobeithiwn yn erbyn pob gobaith
gydag Arglwydd holl hanes y byd.
Mynnwn wneud pob peth o'r newydd.

O Brasil, cyf. Elenid Jones a Dewi Lloyd Lewis

228. Y DDAEAR OLL YN WERTHFAWR

Arglwydd,
fel pobl sy'n dibynnu ar y ddaear am holl gysuron ein bywyd,
cynorthwya ni i gofio'r pridd lle tyfodd ein bwyd,
y coedwigoedd lle tyfodd y pren,
yr afonydd lle llifodd ein dŵr glân,
y nen lle cawsom awyr iach,
y dyfnderoedd lle chwyddodd y tonnau.
Mae'r ddaear oll yn werthfawr.
Mae'n darparu mwynau a thanwydd ar ein cyfer.
Dysg ni sut i ddefnyddio'r rhoddion hyn
fel na ddrylliwn ein dyfodol.
Rhaid i bob un ohonom wneud ei ran i adfer y ddaear
lle gall y ddynoliaeth fyw heb achosi difrod.

Wythnos Cymorth Cristnogol 1980, cyf Mair Williams

229. Gwledd o bethau da

O Dduw,
yr wyt ti'n ein gwahodd ni i wledd o bethau da,
ond yr ydym ni'n troi oddi wrthyt,
yn ddrwgdybus o'r cinio rhad.
Yr wyt ti'n ein galw ni i fyd o ddathlu,
ond yr ydym ni'n troi oddi wrthyt,
yn rhy ddigalon i ddod.
Yr wyt ti'n cynnig sychu ymaith ddagrau'r byd,
ond yr ydym ni'n troi oddi wrthyt,
gan ei chael hi'n anodd credu y gallai hyn fyth ddigwydd.
Yr wyt ti'n estyn gwahoddiad i bob person a phob cenedl,
ond yr ydym ni'n troi oddi wrthyt,
gan ofni nad yw'r gwahoddiad i ni.
Ond yr wyt ti'n dal i alw arnom.

Yn flinedig ac yn sychedig
yr wyt ti'n cynnig dŵr i ni.
Yn ddigeiniog ac yn newynog
yr wyt ti'n cynnig bara i ni.
Wedi ymlâdd a heb ein digoni
yr wyt ti'n cynnig cyfanrwydd i ni.
Yn chwilio ac yn dyheu
yr wyt ti'n cynnig cariad i ni.

Mae Duw yn dweud: Dewch i'r dyfroedd, bob un y mae syched arno; dewch er eich bod heb arian: prynwch a bwytewch. Gwrandewch arnaf, dewch ataf; clywch a byddwch fyw.

Janet Morley,Wythnos Cymorth Cristnogol 1994

230. LITWRGI'R DDAEAR

Arglwydd Dduw, Greawdwr y ddaear,
rhoddaist i ni'r mynyddoedd a'r coed,
y dyfroedd a'r pridd
sy'n cynnal ein cnydau,
ein hanifeiliaid a ni ein hunain.
Na ad i ni fyth golli ein cariad at y ddaear, ein mam.

Helpa ni i rwystro anrhaith ein tir
ac i gyfoethogi ein pridd
pan fyddwn wedi ei gamddefnyddio.

Gwna'r ddaear, ein mam,
yn ffrwythlon unwaith eto.

Llwyth y T'boli, Pilipinas, cyf. Elenid Jones

231. IAU CARIAD

O Grist,
cynigiaist dy iau ysgafn di i ni,
iau cariad.
Mae'n haws i'w dwyn
nag aros yn unig,
yn haws na chredu na fedrwn ni wneud dim,
yn haws na chadw'r byd allan,
a cheisio cau ein calonnau.
Felly, ieua ni ynghyd â phobl dlotaf y ddaear,
fel y medrwn wylo gyda'u poen,
llawenhau yn eu gobaith,
bod yn gymdeithion yn y frwydr,
a dod o hyd i'n hiachawdwriaeth ein hunain
fel aelodau o'th gorff,
trwy dy enw sanctaidd. Amen.

Janet Morley, cyf. Cynthia Saunders Davies

232. FEL MOSES

Hyd yn oed pan fyddwn ni'n troi o'r neilltu i'th geisio, O Dduw,
rydym yn cuddio ein hwynebau rhag dy dân sanctaidd di.
Fel Moses, rydym yn byw mewn byd anghyfiawn,
lle mae rhai yn gaeth,
tra bod y lleill yn rhydd,
ac yn defnyddio'r rhyddid hwnnw mewn ffordd ddifater a chreulon.
Teimlwn yn gyfrifol, ac fel Moses,
rydym weithiau'n ei chael hi'n haws i ddianc.
Ond pryd bynnag y cuddiwn ein hwynebau yr wyt ti'n galw arnom,
ble bynnag y trown ni, yno yr wyt ti,
yn llefaru â llais y caethion;
ac fe safwn ar dir sanctaidd.
Wrth i ni ddiosg ein hesgidiau,
gad i ni ddiosg ein hofn a'n cywilydd,
ac ymagor i'th faddeuant di,
ac i dân dy gariad di.

Wythnos Cymorth Cristnogol 1997, cyf. Cynthia Davies

233. RHYDDID

Dduw, ein gwaredwr,
addewaist ryddid i'n byd:
rhyddid rhag newyn,
rhyddid rhag dyledion,
maddeuant pechodau.
Gwared ni, gorff, meddwl ac ysbryd,
o afael pob peth sy'n ddrwg;
a bydded i ni
sy'n honni i ni dderbyn bendith gwaredigaeth,
fod yn ddigon dewr i fyw yn unol â hynny,
yn enw'r hwn a fu farw i'n rhyddhau ni,
Iesu Grist ein Harglwydd. Amen.

Wythnos Cymorth Cristnogol 1999

234. YMRWYMO

Arweinydd: Gadewch inni ddatgan ein hymrwymiad i fyw
nid o dan deyrnasiad drygioni
ond o dan deyrnasiad Duw.
Gwrthodwn fyw o dan deyrnasiad drygioni,
lle mae rhai plant yn marw
am na chânt ddigon o fwyd maethlon.
Byddwn fyw yn dy deyrnas di,
lle'r wyt ti'n paratoi ar y ddaear hon
wledd i'r tlodion i gyd.
Canys eiddot ti yw'r deyrnas

Pawb: a'r nerth a'r gogoniant.

Arweinydd: Gwrthodwn fyw o dan deyrnasiad drygioni,
lle mae rhai mewn tlodi enbyd,
wedi eu caethiwo gan ddyled.
Byddwn fyw yn dy deyrnas di,
lle torrir cadwynau carcharorion,
a lle mae'r rhai a barlyswyd yn cerdded yn rhydd.
Canys eiddot ti yw'r deyrnas

Pawb: a'r nerth a'r gogoniant.

Arweinydd: Gwrthodwn fyw o dan deyrnasiad drygioni,
sy'n gosod beichiau trymion
ar y rhai na fedrant eu dwyn,
heb godi bys i'w helpu.
Byddwn fyw yn dy deyrnas di,
lle mae pawb sy'n cael eu rhyddhau
yn dyheu am ryddhau eraill.
Canys eiddot ti yw'r deyrnas

Pawb: a'r nerth a'r gogoniant
yn oes oesoedd. Amen.

Wythnos Cymorth Cristnogol 1999

235. Bydded i'n dwylo

Bydded i'n dwylo ni
fod yn ddwylo i ti, O Dduw,
i fedi'r cynhaeaf.
Bydded i'n traed ni
fod yn draed i ti,
i ddwyn newyddion da i'r tlawd.
Bydded i'n calonnau ni
fod yn llawn o'th dosturi di,
i wahodd pawb yr ydym yn eu cyfarfod
i agor eu calonnau hwythau hefyd,
yn enw Iesu Grist. Amen.

Wythnos Cymorth Cristnogol 1999

236. Bod fel plant bach

O Dduw, yr wyt wedi'n galw ni
i fod fel plant bach.
Dyro inni lygaid plentyn –
yn llawn chwilfrydedd,
yn benderfynol o weld beth sy'n digwydd.
Dyro inni glustiau plentyn –
yn siarp ac yn effro
i glywed dy neges di o gariad.
A dyro inni ynni plentyn –
i fynnu ymateb
a chredu'n hyderus y gallwn ni
newid y byd.
Yn enw Iesu Grist. Amen.

Wythnos Cymorth Cristnogol 2000, cyf. Cynthia Saunders Davies

237. CADW GOBAITH YN FYW

Dduw cariad, sydd yn gariad
yn toddi fy nghalon garreg ddifater;
agor fy llygaid i weld dioddefaint dy blant,
a chod fy mhen i weld dy gariad perffaith di drachefn.
Cyflawna wyrth yn fy mywyd,
fel, trwy dy Ysbryd,
a thrwy ufudd-dod fy nghalon doddedig,
y caf roi fy hun i gadw gobaith yn fyw,
ac y gallaf fod y newid hwnnw yr wyt ti yn ei ddymuno.
Amen.

Cerdyn Gweddi Wythnos Cymorth Cristnogol 2009

BENDITH

238. Cadw ni rhag syrthio

Ac yn awr i'r hwn sy'n medru'n cadw ni rhag syrthio,
ac sy'n ein codi o ddyffryn tywyll anobaith
i fynydd disglair gobaith,
o hanner nos digalondid
i'r wawr o lawenydd;
iddo ef y byddo'r gallu a'r awdurdod yn oes oesoedd.

Martin Luther King (1928-68)

239. Llewyrcha dy wyneb arnom

Llewyrcha dy wyneb arnom, O Arglwydd, drwy roddi inni'r tangnefedd hwnnw na all y byd ei roddi, fel y dilëir pob casineb a chreulondeb sydd yn achosi rhyfeloedd, ac fel y delo dynion ym mhob man i oddef ei gilydd mewn cariad.

Addolwn ac Ymgrymwn

240. Gyda'th weision

Bydded dy Ysbryd sanctaidd ledled y ddaear gyda'th weision sydd yn cyhoeddi Efengyl y Cymod, er mwyn ymlid cenfigen a thrais o'r byd; a phrysured y dydd pan fydd y cleddyfau wedi eu troi'n sychau a'r gwaywffyn yn bladuriau, pryd na chyfyd cenedl gleddyf yn erbyn cenedl ac na ddysgant ryfel mwyach.

Addolwn ac Ymgrymwn

241. I'r rhai sy'n newynu

O Dduw, i'r rhai sy'n newynu, rho fara,
ac i ni, y rhai sy'n cael bara,
rho newyn am gyfiawnder.

Gras o America Ladin, Cerdyn Gweddi Cymorth Cristnogol 1989

242. Tangnefedd dwfn

Tangnefedd dwfn y Grym Tragwyddol i chwi
Tangnefedd dwfn y Don Redegog i chwi
Tangnefedd dwfn yr Awel Rydd i chwi
Tangnefedd dwfn y Tawel Bridd i chwi
Tangnefedd dwfn y Disglair Sêr i chwi
Tangnefedd dwfn Tywysog Hedd i chwi

Bendith Geltaidd, cyf. Bryn Jones

243. Dŵr yn disgyn

Fel y mae dŵr yn disgyn ar ddail te sych
gan amlygu eu blas,
felly bydded i'th Ysbryd ddisgyn arnom ninnau
a'n hadfywio
fel y gallwn ninnau ddwyn adfywiad a llawenydd
i eraill.

O Sri Lanka, cyf. Cynthia Saunders Davies

244. Tangnefedd Duw

Pawb: Bydded i dangnefedd Duw
deyrnasu yn ein calonnau ac yn ein cenhedloedd.
Bydded i gyfiawnder Duw
oleuo ein meddyliau ni a meddyliau ein harweinwyr.
Bydded i'r cariad sydd gan Dduw tuag at y byd
afael ynom a'n llanw â thosturi.

Arweinydd: A bydded i fendith Duw,
y Creawdwr, y Gwaredwr a'r Cynhaliwr,
orffwys arnom ac aros gyda ni
yn awr ac am byth.
Amen.

Wythnos Cymorth Cristnogol 2007

245. NERTHA NI

Nertha ni, o Arglwydd, i fynd allan i'r byd mewn heddwch:
i ymwroli ac i ddal wrth yr hyn sydd dda;
i sicrhau na thalwn i neb ddrwg am ddrwg;
i gryfhau y llesg ac i gynnal y gweiniaid;
i gynorthwyo'r cystuddiedig;
i anrhydeddu pob dyn;
i garu a gwasanaethu'r Arglwydd,
gan ymlawenychu yn nerth yr Ysbryd Glân.
A bendith Duw Hollalluog, y Tad, y Mab, a'r Ysbryd Glân,
a fyddo i'n plith ac a drigo gyda ni yn wastad.

Elfed ap Nefydd Roberts (seiliedig ar 1 Thes. 5:12-5)

246. BENDITH DUW SARA AC ABRAHAM

Boed i fendith Duw Sara ac Abraham,
bendith y Mab, a anwyd o Fair,
bendith yr Ysbryd Glân
sy'n ymboeni trosom fel mam dros ei phlant,
fod gyda chwi oll. Amen.

Teulu Duw yn Addoli

247. DUW'R CREAWDWR

Bydded i Dduw'r Creawdwr barhau i greu byd o gydraddoldeb a chyfiawnder, lle mae'r greadigaeth gyfan yn mwynhau bywyd yn ei gyflawnder; lle nad oes grymus na di-rym, ond lle mae pawb yn profi gras Duw ac yn byw yn hapus, gan wybod mai Duw, rhoddwr bywyd, sydd yn gofalu amdanom ni i gyd. A bydded i fendith Duw hollalluog, y Tad a'r Mab a'r Ysbryd Glân, fod arnom ni a'r rhai yr ydym yn gweddïo drostynt, yn awr a hyd byth. Amen.

O Pilipinas, cyf. Cynthia Saunders Davies

248. Bendith Duw

Arweinydd: Yn ein byw a'n caru
Pawb: Bendith Duw.
Arweinydd: Yn ein canu a'n gweddïo
Pawb: Bendith Duw.
Arweinydd: Wrth roi a gweithredu
Pawb: Bendith Duw.
Arweinydd: Mewn nerth a gwendid
Pawb: Bendith Duw.
Arweinydd: Wrth chwilio am gyfiawnder a heddwch
Pawb: Bendith Duw.
Arweinydd: Ar ein brodyr a'n chwiorydd ledled y byd
Pawb: Bendith Duw,
Y dydd hwn a byth bythoedd.
Amen.

O'r Alban, cyf. Cynthia Saunders Davies

249. Rhyddhad

Arglwydd Dduw, dyro ryddhad i'th holl bobl sydd wedi eu chwalu gan ryfel. Rho iddynt arweinwyr doeth a thosturiol a fydd yn eu harwain ar hyd ffyrdd cyfiawnder a heddwch, fel y bydd gobaith newydd a pharhaol yn codi o'r trychinebau cenedlaethol a phersonol.

Anad.

250. Daioni a drygioni

Mae daioni yn drech na drygioni,
Cariad yn drech na chasineb,
Goleuni yn drech na thywyllwch,
Bywyd yn drech na marwolaeth.
Y mae gennym fuddugoliaeth lwyr
Trwy'r Hwn a'n carodd ni.

Desmond Tutu, De Affrica

251. Yr Arglwydd yn y carchar

Os yw'r Arglwydd yn y carchar gyda mi,
rhag beth yr ofnaf?
Er fy mod yn unig ac ar fy mhen fy hun,
credaf,
molaf,
diolchaf.
Os yw'r Arglwydd yn y carchar gyda mi,
pam y byddaf yn drist?
Mae'r Arglwydd yn adnabod fy ngofid a'm poen,
iddo ef yr ymddiriedaf fy nghalon a'm cyfan;
credaf,
gorfoleddaf,
canaf.

Hsu T'ien Hsien, Taiwan

252. Crist fo gyda mi

Crist fo gyda mi, Crist fo ynof;
Crist o'm hôl a Christ o'm blaen;
Crist wrth f'ymyl, Crist i'm hennill;
Crist islaw i mi a Christ uwchben;
Crist mewn hedd ac mewn peryglon;
Crist ar wefus ffrind ac estron,
Crist yng nghalon pawb a'm caro.

Padrig, Iwerddon, 5ed ganrif

253. Duw a'ch bendithio

Duw a'ch bendithio;
Boed i Dduw oleuo eich calon.
Ewch adref mewn tangnefedd
yn enw Crist. Amen.

O Ethiopia, cyf. Cynthia Davies

254. Duw'r Tad

Bydded i Dduw'r Tad
sydd yn dyrchafu'r gostyngedig,
Iesu Grist, mab Mair,
mawl yr hwn sy'n dymchwel y cedyrn,
a'r Ysbryd Glân sy'n chwalu pob rhwystr
gan wneud pob gŵr a phob gwraig yn blentyn i Dduw,
ein bendithio a'n cadw ni,
y dydd hwn a hyd byth.
Amen.

O Brasil, cyf. Cynthia Saunders Davies

255. Anfonaist dy Ysbryd

Hollalluog Dduw, anfonaist ti dy Ysbryd Glân i fod yn fywyd ac yn oleuni i'th Eglwys: agor ein calonnau i olud ei ras, fel y bo inni ddwyn ffrwyth yr Ysbryd mewn cariad a llawenydd a thangnefedd; trwy Iesu Grist ein Harglwydd. Amen.

Llyfr Gwasanaeth yr Eglwys Fethodistaidd

256. Dywed air

Gweddïwn, o Dad, dros y rhai sy'n dyheu am glywed dy leferydd ynghanol eu gofidiau a'u hanghenion:
Wrth y sawl sydd mewn poen a gwendid,
 dywed air i'w nerthu;
Wrth y sawl sydd mewn trallod ac anobaith,
 dywed air i'w cysuro;
Wrth y rhai sydd mewn ofn ac amheuaeth,
 dywed air i'w cadarnhau;
Wrth y sawl sydd wedi pellhau oddi wrthyt,
 dywed air i'w galw'n ôl atat dy hun.

Elfed ap Nefydd Roberts

Datganiadau

257. Eiriol dros eraill

Wrth lunio ac addasu dy ymbiliau yn unol ag anghenion a rheidiau dy gymydog a'th gydnabod, gan ddeisyf ar Dduw i'w gwaredu rhag amrywiol ddrygau, neu i gyfrannu iddynt ddawn neu fendith arbennig; yn ogystal â dwyn budd iddynt hwy, y mae eiriolaeth o'r fath yn cael effaith fawr ar dy galon dy hun ... oherwydd nid oes dim sy'n meithrin cariad ynom tuag at arall yn fwy na gweddïo drosto; a phan wnei hynny ar ran unrhyw ddyn, yr wyt yn cymhwyso dy enaid i ymddwyn yn garedig ac yn gwrtais tuag ato ym mhob rhyw fodd. Bydd hyn yn llenwi dy galon â thynerwch a haelioni. O ystyried dy hun yn gyfrwng gerbron Duw ar ran dy gymydog a'th gyd-ddyn, fe ganfyddi dy fod yn byw mewn tangnefedd â thi dy hunan.

William Law

258. Atgyfodiad

Y broblem yw bod pobl am i'r atgyfodiad ddigwydd hyd yn oed cyn eu bod wedi marw. Maen nhw am ddod i adnabod y newydd cyn gollwng yr hen.

Ed de La Torre, Pilipinas, cyf. Elenid Jones a Dewi Lloyd Lewis

259. HEDDWCH A RHYFEL: RHAGHYSBYSIAD

Cyhoeddodd yr ysgrifennydd o bryd i'w gilydd yn ystod y pymtheg mlynedd diwethaf amryw nodiadau byrion yn gysylltiedig â drygedd rhyfel; ac y mae am ailgyhoeddi crynhoad o rai ohonynt yn y dull yma fel cyffes o'i gred sefydlog:

1. Fod llywodraethau Ewrop, wrth gydymannog flwyddyn ar ôl blwyddyn, ac oes ar ôl oes, i gynnal sefydliadau milwraidd y naill ar gyfer y llall, yn diystyru addysgiadau egluraf y Gwaredwr, ac yn mathru dan eu traed egwyddorion pwysicaf yr Efengyl.

2. Fod euogrwydd arswydus yn gorwedd arnynt oherwydd eu hoffter gwallgofus o rwysg a bri ac elw sefydliadau milwraidd.

3. Mai wrth ddrysau'r llywodraethau galluocaf, megis yr eiddo Lloegr a Ffrainc a Rwsia, y mae'r rhan fwyaf o'r drwg yn gorwedd.

4. Fod dwylo celfyddyd yn cael eu llyffetheirio'n drwm; a bod ysgwyddau diwydrwydd yn cael eu beichio'n ofnadwy; a bod dylanwad pob rhinwedd ac addysg bron cael ei lethu drwy'r draul, a'r trais a'r traha, a'r glythineb, a'r diogi, a'r difrod, a'r dichellion, a'r barbareidd-dra, a geir bob amser yn gysylltiedig â phob sefydliad milwraidd.

5. Fod sefydliadau milwraidd wedi bod bob amser yn dramgwydd ar ffordd cydfasnachaeth gwahanol deyrnasoedd, ac yn brofedigaethau ar lwybr eu tangnefedd; ac yn parhau i fod yn dramgwydd ac yn brofedigaethau cyhyd ag y cânt eu cynnal yn y rhwysg presennol.

6. Y buasai yn hawdd iawn i lysoedd cryfaf Ewrop, yn ystod y deugain mlynedd diwethaf, fabwysiadu moddion mwy effeithiol nag arfau rhyfel er terfynu eu dadleuon a diogelu tangnefedd y byd, pe buasent yn dewis hynny, ac yn cydymgais am hynny.

7. Eu bod yn anewyllysgar iawn i hen grefft 'ogoneddus' rhyfel syrthio i anfri, a'u bod bron ymollwng i lewygfeydd wrth feddwl am ei darfodedigaeth.

Samuel Roberts, Llanbryn-mair, yn 1856

260. YNFYDRWYDD RHYFEL

Pan ddelo rhyfel, cyhoeddir angladd rheswm a rhoi'r gwirionedd yn yr arch ar yr un pryd ... yn adeg rhyfel caiff gŵr, os yw'n filwr, ei wobrwyo a'i gario ar ysgwyddau'r dorf am ladd dwsin o bobl gwlad arall na welodd mohonynt erioed. Yr ynfydrwydd mwyaf dieflig o bopeth yw rhyfel ... Y ffaith yw bod mwy o aelodau'r Eglwys yn fodlon marw dros eu llywodraeth nag sy'n barod i ddioddef dros Wirionedd ... Fe glywsoch eraill hefyd, mi wn, yn bloeddio mai'r unig ffordd i gyrraedd pinacl heddwch yw gollwng gwaed gwirion. Y mae honiad felly mor ffôl â dweud mai'r ffordd sicraf at sobrwydd yw meddwi'n garn!

Rhys J. Davies A.S.

261. ARIANGARWCH

'Gwreiddyn pob drwg yw ariangarwch', ac un o wreiddiau pwysicaf rhyfel heddiw yw'r ffaith mai ar ariangarwch y mae bron y cyfan o drefn gymdeithasol y gwledydd gwâr wedi'i seilio. Rydym yn byw mewn cyfnod o imperialaeth, a chyfalafiaeth ar ei eithaf yw imperialaeth. Mae imperialaeth bob amser yn golygu gormes y wlad imperialaidd ar y wlad ddarostyngedig; a phan ddaw buddiannau dwy wlad i wrthdrawiad, daw rhyfel. Os mynnir rhoi pen ar ryfel, rhaid rhoi pen ar imperialaeth a chyfalafiaeth.

Os dymunwn heddwch o ddifrif, rhaid i ni ymwrthod â phob mantais anghyfiawn; rhaid i ni greu chwyldro gwirioneddol mewn cymdeithas, a newid sylfaen ein byd o ariangarwch i anghenion dyn.

Dafydd Jenkins

262. CNEUEN

Yn y weledigaeth hon, dangosodd Duw i mi beth bychan, o faint cneuen gyll ar gledr fy llaw, a chrwn fel pêl. Syllais arno trwy lygaid fy meddwl a dyfalu, 'Beth all hwn fod?' A chefais yr ateb: 'Hwn yw popeth a grëwyd'. Rhyfeddais ei fod yn medru bodoli; oherwydd meddyliais y gallai chwalu'n ddim, am ei fod mor fach. A chefais fy ngoleuo: 'Mae'n parhau, ac fe fydd yn parhau am byth, oherwydd y mae Duw yn ei garu; ac felly, y mae popeth yn bodoli trwy gariad Duw'. Yn y peth bychan hwn, gwelais dair nodwedd: yn gyntaf, mai Duw a'i luniodd; yn ail, fod Duw'n ei garu; ac yn drydydd, mai Duw sy'n ei ddiogelu.

Julian o Norwich, 1373

263. HYN SY'N WIR

Nid yw'n wir fod y byd a'i bobl wedi eu tynghedu i farw
a bod ar goll.
Hyn sy'n wir: 'Carodd Duw y byd gymaint nes iddo roi ei unig Fab, er mwyn i bob un sy'n credu ynddo ef beidio â mynd i ddistryw ond cael bywyd tragwyddol.'

Nid yw'n wir fod rhaid i ni dderbyn annynoldeb a gwahaniaethau anghyfiawn, newyn a thlodi, marwolaeth a dinistr.
Hyn sy'n wir: 'Yr wyf fi wedi dod er mwyn i ddynion gael bywyd, a'i gael yn ei holl gyflawnder.'

Nid yw'n wir y dylai trais a chasineb gael y gair olaf, a bod rhyfel a dinistr wedi dod i aros am byth.
Hyn sy'n wir: 'Canys bachgen a aned i ni, mab a roed i ni, a bydd yr awdurdod ar ei ysgwydd. Fe'i gelwir, 'Cynghorwr rhyfeddol, Duw cadarn, Tad bythol, Tywysog heddychlon.'

Nid yw'n wir nad ydym ond yn bobl ar drugaredd nerthoedd drygioni sy'n ceisio rheoli'r byd.
Hyn sy'n wir: 'Rhoddwyd i mi bob awdurdod yn y nef ac ar y ddaear ... Ac yn awr, yr wyf fi gyda chwi bob amser hyd ddiwedd amser.'

Nid yw'n wir fod rhaid i ni aros am y rhai y mae ganddynt ddoniau arbennig, sy'n broffwydi'r Eglwys, cyn y gallwn ni wneud dim.
Hyn sy'n wir: 'Ar ôl hyn tywalltaf fy ysbryd ar bawb; bydd eich meibion a'ch merched yn proffwydo, bydd eich hynafgwyr yn gweld breuddwydion, a'ch gwŷr ifainc yn cael gweledigaethau.'

Nid yw'n wir na fwriadwyd ein breuddwydion am waredigaeth y ddynoliaeth, am gyfiawnder, am urddas dynol, am heddwch i'r ddaear hon a'i hanes.
Hyn sy'n wir: 'Y mae amser yn dod, yn wir y mae yma eisoes, pan fydd y gwir addolwyr yn addoli'r Tad mewn ysbryd a gwirionedd.'

Allan Boesak, De Affrica

264. CREDAF

Credaf yn Nuw sy'n gariad ac a roddodd y ddaear i'r holl bobl.
Credaf yn Iesu Grist, a ddaeth i'n hiacháu a'n rhyddhau o afael pob gormes.
Credaf yn Ysbryd Duw sy'n gweithio ynom ac ym mhawb a drowyd at y gwirionedd.
Credaf yn nheulu'r ffydd, a alwyd i fod at wasanaeth yr holl bobl.
Credaf yn addewid Duw i ddifetha, yn y diwedd, rym pechod ynom oll, ac i sefydlu teyrnas cyfiawnder a heddwch y ddynoliaeth gyfan.

Nid wyf yn credu yn hawl y cryfaf, na grym arfau, na nerth gormes.

Credaf mewn iawnderau dynol, yng nghydlyniad pobl â'i gilydd, mewn grym di-drais.

Nid wyf yn credu mewn hilyddiaeth, nac mewn grym sy'n deillio o gyfoeth a braint, nac mewn unrhyw drefn sefydledig sy'n caethiwo.

Credaf fod pob dyn a menyw yn gydradd ddynol, ac nad yw trefn a sylfaenwyd ar drais ac anghyfiawnder yn drefn ddilys.

Nid wyf yn credu fod rhyfel a newyn yn anorfod a bod heddwch y tu hwnt i'n cyrraedd.

Credaf ym mhrydferthwch symlrwydd, mewn cariad a llaw agored, mewn heddwch ar y ddaear.

Nid wyf yn credu fod rhaid i ddioddef fod yn ddiystyr, mai marwolaeth yw'r diwedd, mai difwyniad y ddaear oedd bwriad Duw.

Ond mentraf gredu bob amser, ac er gwaethaf popeth, yng ngallu Duw i drawsffurfio a gweddnewid gan gyflawni ei addewid o nefoedd newydd a daear newydd lle bydd cyfiawnder a heddwch yn blodeuo.

O Indonesia

265. Rhyfel cyfiawn?

Yn awr mae yn rhaid i mi ddywedyd ychydig wrth yr *ynfydion*, y rhai'n ag sydd ar bob amser, pan elwir i siarad â nhw ynghylch trefn y Llywodraeth, a'r *Rhyfel cyfiawn ac angenrheidiol* (mal y galwent) yr hwn sydd rhwng *Brenin* Lloegr a'r Ffrancod, yn bresennol; maent yn wastad, neu ar bob achlysur, yn rhoddi bai ar Dduw; a nhw a ryfygant ddywedyd mai ewyllys Duw ydyw! A meddant, onid oedd rhyfel yn y byd ers talm; onid oedd Dafydd yn rhyfelwr? Oedd, ac yn *buteiniwr hefyd*; ond nid ewyllys Duw oedd iddo fod felly; ac nid ewyllys y Bod Mawr yw, i *Frenhinoedd* ac *Ysbeilwyr* eraill, yrru dynion, heb yn waethaf iddynt, mewn gwaed oer i ladd ac i labyddio ei gilydd, ond ewyllys gelyn eu heneidiau, sef y diafol.

Yr wyf yn credu (nage yr wyf yn gwybod) fod rhai pobl, mwyaf yw'r gresyn, mor dywyll eu dealltwriaeth, fel na rusiant ddywedyd fod Duw wedi rhagdrefnu pa beth bynnag sydd yn dyfod i ben: ei fod Ef wedi trefnu'r llofrudd i ladd, a'r lleidr i ladrata, fel yn ganlynol y darfyddai amdanynt.

Felly hefyd y mae gan wiried, na fu i Dduw *erioed* greu cenfigen rhwng dyn a dyn, a'i fod Ef yn gyfiawn ac yn drugarog: ac mai balchder, llid, a chenfigen *Brenhinoedd, Tywysogion, a Gorthrymwyr,* sydd yn peri, ac oedd yr achos ym mhob oes er dechreuad y Byd.

Thomas Roberts, Llwynrhudol, 1798

266. DATGANIAD COPEC

'Y mae'r gynhadledd yn cymeradwyo [i sylw ac ystyriaeth y gwahanol eglwysi]: bod pob rhyfel yn groes i ysbryd a dysgeidiaeth Iesu Grist, a bod rhaid i Eglwys Crist, oblegid hynny, dystiolaethu a llafurio o blaid y ffordd Gristnogol o fyw ac yn erbyn casineb a chreulondeb, ac o blaid tosturi a chymwynasgarwch, gan wneuthur hynny'n fwy nag erioed yn ystod rhyfel. Rhaid iddi fod yn benderfynol o ddofi nwyd a rhagfarn ac i gefnogi'r cydnawsedd a'r gwirionedd a'r dymer Gristnogol sy'n foddion i sicrhau heddwch gwirioneddol a pharhaus.'

Rhwng y ddau ryfel cynhaliwyd cynadleddau gan wahanol eglwysi i drafod mater rhyfel. Yn 1924 cynhaliwyd cynhadledd gydenwadol yn Birmingham; adwaenir y gynhadledd fel Copec. Daeth cynrychiolwyr o'r holl enwadau yng ngwledydd y wladwriaeth Brydeinig ynghyd (heblaw am y Pabyddion). Pan ddaeth yr Ail Ryfel Byd, methu cadw at y datganiad hwn fu hanes trist y mwyafrif o'r eglwysi!

Dyfynnir gan Herbert Morgan

267. Ymysgwyd o'r hualau

Y mae'n ddyletswydd ar bob Cymro i weithio â'i holl egni i sylfaenu bywyd ei genedl ar seiliau sydd mewn cytgord ag ewyllys Duw. Y mae lladd cenedl, cydoddef yn ninistr cenedl, bod yn ddifater a swrth pan fo'n cenedl yn trengi, yn sicr o fod yn gymaint o drosedd â chymryd bywyd dyn. Dim ond Cymru rydd a all gymryd ei lle'n anrhydeddus ym mywyd cenhedloedd y ddaear. Ond cofier nad oes modd ymgyrraedd at ddelfrydau Cristnogol ond trwy foddion Cristnogol. Dyna pam yr wyf yn heddychwr.

Ni ddylem edrych ar Groeshoeliad Crist fel rhywbeth a ddigwyddodd unwaith am byth rhyw ddwy fil o flynyddoedd yn ôl. Trychineb yw'r Croeshoeliad sy'n ei ailadrodd ei hun o ddydd i ddydd. Y mae ambell Galfaria ar gael yng Nghymru – a threfi a phentrefi sydd yn greithiau creulon ar ein gwareiddiad.

> Pwy fedrodd ynte guro'r hoelion hyn
> i'w ddwylo ac i'w draed diniwed ef?
> Dyn! Ie, dyn! A dyn yr awron sydd,
> ym Mhrydain, hyd yn oed yng Nghymru fach,
> yn ailgigyddio, 'n ailgroeshoelio Crist!
> Yr hoelion wthia trwy'r un briwiau coch,
> gan ymbleseru, a chwerthin am y boen
> achosa, a chan sathru dan ei draed –
> ie, sathru dan ei halog draed – y gwaed.

Brysied y dydd pan welir Cymru wedi ymysgwyd yn rhydd o'i hualau – hualau o'r tu allan ac o'r tu mewn. Ymgysegrwn i weithio am ddyfodiad y dydd hwnnw, a gweddïwn, 'Arglwydd, iachâ ein pobl, glanha ein gwlad, rhyddha ein cenedl.'

Dewi-Prys Thomas

268. GRYM CROES Y CRISTION

'Hyn yw fy ngorchymyn i: cerwch eich gilydd *megis y cerais i chwi.*' Credodd efallai y byddai'r caru hwnnw'n golygu tywallt gwaed, ond *ei waed ei hun* ydoedd. Dyna yw grym croes y Cristion, dioddef am fod drwg un arall yn gosod y dioddef arno, heb iddo ef, y Cristion, beri dioddef i'r llall. Rhaid imi bregethu hynny, rhaid imi ei brofi i'r byd, ac y mae cymryd rhan mewn rhyfel yn ei wadu'n gyfan gwbl. Oes, y mae arwriaeth a hunanymwadu Cristionogol i'w canfod ar faes cad fel ymhobman arall lle gwelir canlyniadau pechod dyn, ond dihiryn yn unig a gyfiawnhâi ryfel ar gorn arwriaeth felly. Do, mi glywais haeriad offeiriad a phab, 'Cerwch eich gelynion; y mae gelyn yn rheidrwydd, a gwnei waith Duw – ti geri – wrth ladd y corff – fe achubi ei enaid sy'n cyfeiliorni gyda'i gorff!' a gwyddwn mai ymresymiad y cythraul ydoedd. Os trwy'r groes y prynodd Crist ni, trwy groes eto yn unig y gallwn ni barhau gwaith y cymod.

Gerallt Jones

269. FFORDD Y CYMOD

Trwy Groes ei Fab a'r datguddiad a gaed yno o'i gariad, y mae'n ceisio lladd gelyniaeth er mwyn gwneud cymod a gwir heddwch. Mewn rhyfel, lladd y gelynion yr ydys heb ladd yr elyniaeth ... Felly, cadoediad ac nid heddwch sy'n dilyn rhyfeloedd fel rheol. Dim ond cariad a all ladd yr elyniaeth. Am hynny, pan oeddem ni eto yn elynion bu Crist farw trosom. Ffordd y dioddefaint cariadlawn yw ffordd y cymod a'r wir fuddugoliaeth. Nid hawdd credu hyn. I rai fe ymddengys yn ffolineb, ac i eraill yn wendid ac yn fethiant, ond i'r craff ei welediad y mae'n ddoethineb ac yn nerth dwyfol. Gelwir ar y disgybl yntau i godi ei groes a chanlyn Crist. Y weinidogaeth a rodded i'r rhai a gymodwyd ac a ddaeth at ei gilydd yn deulu Duw yw gweinidogaeth y cymod a'r cyfannu.

Herbert Morgan

270. OFFER RHYFEL

Nid yw'n iawn ateb ymladd ag ymladd, ac nid ewyllys Duw yw i ni efelychu'r drygionus; ond anogodd ef ni i arwain dynion ymaith oddi wrth gywilydd a chwant y drwg drwy amynedd a thiriondeb ... A nyni, a oeddem yn llawn o ryfel a phob drygedd, ac yn lladd ein gilydd – bawb ohonom dros y byd – a droesom offer rhyfel, y cleddyfau yn erydr, a'r gwaywffyn yn offer tir.

Iestyn Ferthyr, tua OC 155

271. TEYRNASOEDD Y BYD HWN

Y moddion y mae teyrnasoedd y byd hwn yn eu defnyddio yn gyffredin i ddwyn ymlaen eu cynnydd a'u llwyddiant ydyw twyll, cyfrwyster, trais, creulondeb, anghyfiawnder a rhyfeloedd gwaedlyd. Trwy'r moddion hyn y maent yn sylfaenu, yn cynnal ac yn ehangu teyrnasoedd y byd hwn ... Yr offerynnau a ddefnyddir i adeiladu teyrnasoedd y byd, i'w codi, eu helaethu, a'u hamddiffyn yw, yn gyffredin, y dynion mwyaf creulon, aflan, dichellgar, o ysbryd dibris, milwraidd, ac o duedd uchelgeisiol. Ond yr offerynnau a ddefnyddir i adeiladu crefydd yw tlodion, rhai diddichell, diniwed, tyner, addfwyn, tosturiol, heb eu dwyn i fyny mewn llysoedd daearol, mewn ysgolion dysgeidiaeth nac ar faes rhyfel. Rhai fel hyn gan mwyaf oedd sylfaenwyr Cristnogaeth. Eu harfau i fwrw lawr deyrnas Satan oedd pregethu yn eglur, gweddïau taer, ymarweddiad sanctaidd, amynedd mawr, gwroldeb calon. Nid arferent foddion teyrnasoedd y byd; nid arferent y cleddyf i dorri eu gwrthwynebwyr i lawr, ond cleddyf yr Ysbryd, yr hwn yw Gair Duw; nid oedd ganddynt fwa i saethu'r gelyn, ond bwa'r Efengyl, na saeth ond saethau'r bygythion a'r addewidion i'w cyfeirio at y gydwybod ... Nid arferent ddysgu rhyfel ond gan yr hwn sydd yn dysgu'r dwylo i ymladd a'r bysedd i ryfela yn erbyn pechod. Ni fyddai cymhwyster mewn arfau cnawdol i oleuo'r deall tywyll ac i wneud gwaith achubol ar ysbrydoedd dynion.

John Jones, Tal-y-sarn

272. HEDDWCH AC ANGHYDFFURFIAETH

Y mae'r traddodiad heddwch fel yr adwaenwn ni ef heddiw yng Nghymru mor hen ag Anghydffurfiaeth ei hunan ... Canlyniad naturiol yr ymwrthod ag eglwys wladwriaethol oedd darganfod gwerth personol yr Efengyl a derbyn yr Efengyl uwchlaw popeth arall fel sylfaen buchedd dyn. Y deffroad Anghydffurfiol a roes ym mhennau ac yng nghalonnau ein tadau'r sicrwydd fod pob dyn yn fab i Dduw: hynny mewn un ystyr a esgorodd ar ddiwylliant nodedig y werin Gymraeg ac ar yr agweddau ar radicaliaeth a sosialaeth a ddatblygwyd ganddi. Hynny hefyd a greodd basiffistiaeth Cymru.

Iorwerth C. Peate

273. DANFONWYD EF

A anfonwyd ef [Iesu], bernwch chwi, fel y gellid tybio, i sefydlu brenhiniaeth, mewn ofn a dychryn? Nid felly, ond mewn tiriondeb ac addfwynder yr anfonodd Duw ef, fel un a fyddai frenin yn danfon ei fab a oedd frenin. Fe'i danfonodd fel Duw; fe'i danfonodd fel dyn at ddynion; anfonodd ef yn Geidwad, drwy berswâd ac nid drwy rym; oblegid nid yw grym yn briodoledd yn Nuw. Fe'i danfonwyd i gymell pobl ato, ac nid i'w herlid; i garu ac nid i farnu.

Llythyr at Diognetws, OC 150

274. LLAWNDER I'R CYMRY TIRION

Yr wyf yn gweddïo ar i Dduw roi heddwch nefol a llawnder gwirionedd i'r Cymry tirion ... ac i'r amser frysio pan na fo rhyfel yn unlle ond ym mhyrth Satan a'i angylion ... Dyma'r ddamnedigaeth fod dynion yn caru'r tywyllwch yn fwy na'r goleuni ynddynt, ac yn myned felly yn yrroedd i'r lladdfa ... Na chais ychwaith ystwytho cydwybod neb i'th opiniwn di trwy rym ond trwy reswm. Dy waith di yw dy wadu dy hun, dyrchafu Mab Duw, caru pob dyn, casáu pob pechod, ymnythu yn Nuw yn unig.

Morgan Llwyd, 1653

275. DUW A CHESAR

Nid oes cydgytundeb rhwng y llw (*sacramentum*) dwyfol a dynol, rhwng arwydd Crist ac arwydd y diafol, gwersyll y goleuni a gwersyll y tywyllwch. Ni all un enaid fod yn berchenogaeth dau – Duw a Cesar ... Ond pa fodd y gall Cristion ryfela, a pha fodd y gall wasanaethu fel milwr yn amser heddwch – heb y cleddyf, a gymerwyd ymaith gan yr Arglwydd? Er i filwyr ddod at Iesu a derbyn cyfarwyddyd ganddo, ac i ganwriad gredu, eto wedyn, wrth ddiarfogi Pedr, fe ddiarfogodd yr Arglwydd bob milwr. Nid cyfreithlon yn ein plith ni unrhyw wisg a ddefnyddir i weithredu'n anghyfreithlon.

Tertwlian, tua OC200

276. TROI'R FOCH ARALL

Dysgasom nid yn unig i beidio â tharo'n ôl, a mynd i gyfraith yn erbyn y rhai a'n hysbeilio, ac a'n hanrheithio, ond hefyd os y'n trewir gan rywrai ar un rudd i droi'r llall iddynt hefyd ...

Athenagoras, tua OC17

277. FFYDD WIRIONEDDOL

Metha ffydd wirioneddol efengylaidd
aros yn segur:
mae'n dilladu'r noeth,
mae'n bwydo'r newynog,
mae'n cysuro'r galarus,
mae'n cysgodi'r diymgeledd,
mae'n gwasanaethu'r rhai sy'n ei niweidio,
mae'n trin y clwyfus,
mae wedi dod ym mhob dim i bob creadur.

Menno Simons, sylfaenydd y Mennoniaid, (1496-1561)

278. YM MHA LE BYNNAG

Ym mha le bynnag y mae cariad a doethineb yn trigo, nid oes nac ofn nac anwybodaeth. Ym mha le bynnag y mae amynedd a gwyleidd-dra, nid oes na dicter na chynnen. Ym mha le bynnag y mae tlodi gyda llawenydd, nid oes na thrachwant na thristwch. Ym mha le bynnag y mae llonyddwch a myfyrdod, nid oes na phryder na chamwri. Ym mha le bynnag y mae ofn yr Arglwydd yn gwneud ei nyth, ni ddichon y gelyn ganfod unrhyw fynedfa. Ym mha le bynnag y mae trugaredd a disgyblaeth, nid oes na gormodaeth na chaledwch calon.

Ffransis o Assisi

279. YN NWYLO CRIST

Rhodder bywyd unrhyw ddyn neu genedl yn nwylo Crist, ac fe dynn olud anchwiliadwy allan ohono. A fuasai'r byd yma heddiw yn y fath helbul pe rhoddasid i Grist ei gyfle i reoleiddio egwyddorion masnach a gwareiddiad y gwledydd? Cau Crist allan o wahanol ystafelloedd bywyd yw wynebu ar y tlodi a'r gwarthrudd, a'r dioddefiadau pennaf: tlodi ym mhob ystyr, tlodi ariannol, moesol ac ysbrydol. A fyddai yna gymaint o dlodi a dioddef yn y byd yma pe byddai dynion yn byw dan arglwyddiaeth Crist?

J. D. Vernon Lewis

280. YR OEN

Os addefir bod yr Oen yn drech na bwystfilod, pwy yn ei synnwyr a ddefnyddiai'r arfau salaf wedi cael hanes eu gwell? ... Gwirionedd canolog yr Efengyl yw bod cariad ac aberth yn drech na'r ewinedd a'r cyrn, fod yr Oen yn feistr ar y bwystfilod ... Ni fethodd hwn erioed ... pe glynai'r Eglwys wrth gynlluniau ei phriod, byddai hi mor anorchfygol ag yntau.

J. Puleston Jones

281. Cyfiawnder Duw a'r proffwydi Hebrëig

Ni thraethodd neb erioed yn fwy angerddol ar gyfiawnder Duw na'r proffwydi Hebrëig. Cyfiawnder Duw, a'i hawliau ef ar ddynion, oedd byrdwn pob pregeth. Casbeth ganddynt oedd crefydd heb weithredoedd. Rhoddodd Crist bwyslais ar yr un peth. Pregethodd Crist yr un bregeth â'r proffwydi, ond yn llawer iawn mwy tanbaid. Casbeth gan ein Harglwydd hefyd grefydd heb weithredoedd. Bwriodd wawd miniog ar grefydd gyfyng, gul yr ysgrifenyddion a'r Phariseaid. Atgased ganddo eu bychandra, eu cellwair, eu culni, y pwys mawr a roddent ar bethau dibwys, a'u hanonestrwydd! Gwaeth oeddynt ac nid gwell oherwydd eu crefydd; gwell dynion fuasent hebddi; eu crefydd oedd hagrwch mwyaf eu bywyd. Y grefydd a ddylai eu gwneud yn fawrfrydig yn eu gwneud yn gul a checrus. Y grefydd a ddylai eu gwneud yn wŷr hael yn eu gwneud yn grintachlyd. I'r Meistr Mawr, prydferthwch ac nid hagrwch oedd crefydd. Ffynhonnell graslonrwydd ac ysbryd mawrfrydig, hunanangof a hunanaberth, amcan uchel a llawenydd di-baid mewn gwasanaeth. Ffynhonnell brawdoliaeth di-derfynau, a chariad heb ei andwyo gan bechod ac anniolchgarwch. Rhaid i'r Duw daionus wrth ddaioni ei blant, a choron daioni yw bywyd pendant o wasanaeth i'n cyd-ddynion.

Lewis Valentine

282. CARIAD CRISTIONOGION AT EI GILYDD

Ni a gawn ystyried cariad yr hen Gristionogion tuag at ei gilydd. Mor gariadus a serchog oeddent fel prin y gallai un ymado oddi wrthynt, wedi gweld mor drugarogion oeddent, ac mor barod i gynorthwyo ei gilydd. Os anrhydeddid un, a fyddai arall yn eiddigeddus wrtho? Yr wyf yn tybied amgen. Os caffai un aflwydd neu berygl, a orfoleddai arall o'i blegid? Na wnâi ddim. Os syrthiai un i lymder a thlodi, a fyddai'r lleill yn estroniaid wrtho? Yn ddiau, hwy a drengasant eu hunain cyn y peidiasent â gweini iddo. Ie, mor haelionus a thrugarog oeddent, cyn baroted i gynorthwyo ei gilydd, ac mor gariadus y naill wrth y llall ... Os gorthrymid un, fe fyddai'r lleill megis yn gyfranogion o'i orthrymder; ac os anrhydeddid un, fe fyddai pawb yn cydorfoleddu. Wrth y dymer gyd-deimladwy hon, hwy a ddangosent i bawb yn amlwg eu bod yn wir ddisgyblion i Grist.

Theophilus Evans, (1693-1767)

283. DIM OND UN EFENGYL

Nid oes gennyf ond un efengyl, sef yw honno, yr ailenir popeth drwy gariad, mai cariad yn unig sy'n hollalluog, cariad yn unig sy'n dragwyddol. Cariad a greodd y byd. Cariad sy'n ei gynnal. Cariad yw hanfod Duw ... Y mae cariad yn egluro popeth. Cariad yw fy nghysegr sancteiddiolaf i. Trwy gariad yr wyf yn esgyn i'r uchelderau ac yn disgyn i'r dyfnderoedd. Y mae cariad yn treiddio trwy bopeth. Cariad yw'r unig lygad a wêl Duw. Â llygad rhyfeddol cariad y mae Duw a dyn yn canfod ei gilydd. Mewn cariad fe dry llygad dyn yn llygad Duw. Mewn cariad y daw duwdod a dyndod yn un.

Toyohiko Kagawa, Japan

284. Dulliau rhyddid

Yr ydym ni wedi ymrwymo i'r ddysgeidiaeth bod pob rhyfel yn anghristnogol ac anghyfreithlon, ac ni allwn, wrth ei gondemnio mewn damcaniaeth, ei amddiffyn mewn gweithred ... Ni allaf gymeradwyo'r drwg hwn er mwyn i ddaioni ddod ohono; hyd yn oed pe gwireddir hynny wrth ddefnyddio dulliau mor uffernol ... Nid oes gennym ffydd mewn hyrwyddo rhyddid trwy rym y cledd. Nid trwy ddulliau felly y sicrheir rhyddid. Rhaid i ryddid gael ei dderbyn a'i anwesu'n wirfoddol. Ni ellir ymosod ar genedl er mwyn newid ei sefydliadau o rai drwg i rai da; ac mae ein cyfeillion yn y Gogledd (UDA) wedi gwneud camgymeriad mawr i gredu y gallant ddefnyddio erchyllterau i ddwyn lles a daioni i fodolaeth.

Henry Richard, Apostol Heddwch,
yn ymateb i gyhuddiad ei fod yn erbyn rhyddid i'r duon
am iddo wrthod cefnogi Abraham Lincoln a'r Gogledd
yn Rhyfel Cartref America, 1862

285. Y cyfan yn yr Arglwydd

Lle bo ein Harglwydd, y mae'n gwbl amlwg fod hedd yn teyrnasu ac nad oes lle o gwbl i ddicter. Ni allwn ni ganfod unrhyw fath o ddicter yn Nuw, ni waeth pa mor hir y chwiliwn. Yn wir, pe digwyddai i Dduw fod yn ddig am funud awr, byddai hynny'n ddiwedd ar ein bywyd, ein parhad a'n bodolaeth ni. Megis y dibynna ein bodolaeth ni ar allu tragwyddol Duw, a'i ddoethineb a'i ddaioni, felly hefyd y cawn ein cadw'n fyw gan yr union nodweddion hynny. Ac er i ni yn ein trueni brofi drosom ein hunain anghydfod a thyndra, fe'n hamgylchynir ym mhob dull a modd gan dynerwch a gwyleidd-dra Duw, ei garedigrwydd a'i raslonrwydd. Gwelais yn gwbl eglur mai yn Nuw y mae ffynhonnell ein cyfeillgarwch tragwyddol, ac felly hefyd barhad ein bywyd a'n bodolaeth.

Julian o Norwich, cyf. Bryn Jones

286. STRATEGAETH HEDDWCH

Y mae heddwch yn cynllunio strategaeth, yn amgylchu'r gelyn.
Y mae heddwch yn cynnull ei luoedd, yn cyrchu'r pyrth.
Y mae heddwch yn casglu arfau, yn treiddio trwy'r amddiffynfa.
Y mae heddwch, megis rhyfel, yn ymgyrch.
Ond y mae Crist wedi troi'r cwbl ben i waered:
arfau heddwch yw cariad, llawenydd, daioni, hirymaros;
offer heddwch yw cyfiawnder, gwirionedd, amynedd, gweddi.
Dwg strategaeth heddwch ddiogelwch a lles a hapusrwydd.
Lluoedd heddwch yw meibion a merched Duw.
Y mae heddwch, megis rhyfel, yn ymgyrch.

UDA, cyf Bryn Jones

287. CWESTIWN YR OESOEDD

Dywed arweinwyr y cenhedloedd a'r pleidiau eu bod yn ymladd am gyfiawnder a rhyddid wrth ymladd dros Ffasgaeth neu Gomiwnyddiaeth, Natsïaeth neu Weriniaeth. Dyma gwestiynau mawr ein dydd. Ond cwestiwn yr oesoedd yw 'Pa fodd y cyfiawnheir dyn gyda Duw a pha fodd y cymodir dyn â'i gyd-ddyn?'

George M. Ll. Davies

288. NID YW DUW'N DDIDUEDD

Ymddengys Duw ym mhob rhan o'r Beibl fel rhyddhäwr y gorthrymedig. Nid yw'n ddiduedd. Nid yw'n ceisio cymodi Moses â Pharo, na chymodi'r caethion Hebreig â'u gormeswyr, na chymodi yn ddiweddarach y bobl Iddewig â'r un o'i gormeswyr hwythau. Pechod yw gorthrwm, ac ni ellir cyfaddawdu ag ef; rhaid ei ddiddymu. Y mae Duw o blaid y gorthrymedig. Fel y darllenwn yn Salm 103:6, "Y mae'r Arglwydd yn gweithredu cyfiawnder a barn i'r holl rai gorthrymedig."

Rhan o ddogfen Kairos, De Affrica, cyf. Bryn Jones

289. Beth yw heddwch?

Beth yw heddwch?
Nawr, yn gyntaf oll, nid mater syml o ddim rhyfel ydyw.
Na. Dim anghyfiawnder; dim anoddefgarwch; dim casineb;
Meddwl yn dda ac nid meddwl yn ddrwg am bawb –
Dyna yw heddwch.

Y mae'n cydnabod un ddynoliaeth
Ble mae pob bywyd yn werthfawr,
Yn deilwng hefyd o gael ei garu
A'i gynorthwyo i ymgyrraedd tuag at y nod
O fodlonrwydd llwyr.

Cyflwr mewnol – tangnefedd – yw heddwch
Sy'n cael ei adlewyrchu'n agored mewn gweithredoedd,
Mewn gofal cariadus dros bob anghenus un.
Ei rinweddau yw doethineb a thrugaredd.

Drwy weithio dros heddwch,
Gweithiwn i greu cynghanedd ym mywydau'r holl ddynolryw;
Drwy weithio dros heddwch,
Gweddïwn y bydd i ewyllys Duw
Gael ei gwneuthur ar y ddaear, fel yn y nefoedd.

Adam Curle, cyf. Robin Gwyndaf

290. Gwaith y Cristion

[Gwaith y Cristion yw] … cael y byd oll i flodeuo mewn harddwch, cael hen ddaear y felltith yn ddaear y fendith, yn ddaear newydd yn yr hon y bydd cyfiawnder a chariad yn cartrefu a chael ei holl awyr yn llawn o 'aroglau peraidd' Cristnogaeth.

Iorwerth C. Peate

291. BYW NEU FARW

Cwbl annigonol yw dywedyd yn ein cyfnod ni fod rhyfel yn un o'r pethau sy'n poeni cydwybod dynolryw, oblegid ef, yn wir, yw'r dryswch pennaf y sydd; mater yw o fyw neu farw i ddynolryw, a holl dynged gwareiddiad ... Derfydd am ryfel pan ddarffo'r drefn gyfalafol ar gymdeithas, gyda'i masnach briod mewn arfau a gwneuthur gynnau a nwy at amcanion elw a golud personol, peth sy'n mynnu cael arfogaeth ac yn magu rhyfel ... Pan beidio rhyfel, bydd hynny hefyd yn peri y bydd rhannu cyfoeth yn decach rhwng y cenhedloedd; yn nhrefn bresennol cymdeithas, lle codir rhyfeloedd am resymau economaidd, cyll rhyfel yr arwyddion olaf o urddas, anrhydedd yr hen farchogwraeth gynt, a dewrder, ac ef fydd y peth salwaf a basaf mewn bywyd, gwaradwydd ar ddynolryw. Dylai pob gwirionedd godi yn ei erbyn yn enw Duw a dyn.

Nicolas Berdyaev, addas. T. Gwynn Jones

292. CÂN GWAS YR ARGLWYDD

Paham y soniwn am yr hen fyd? Pa genedl yn Ewrop heddiw, yn yr ugeinfed ganrif Gristnogol, sydd yn barod i dderbyn Cân Gwas yr Arglwydd (Eseia 42:1–4) fel ei ddelfryd wladwriaethol? Pa gymdeithas? Pa eglwys? Ac eto, dyma Was yr Arglwydd, dyma ffordd iechydwriaeth y byd. Dyma ddrych gwasanaeth i Dduw a dynoliaeth a ddeil i'w osod gerbron diwylliant uchaf ein hoes ni, ac a bery ar ôl chwalu ein delfrydau uchaf ni ... Allan o'r syniad cyffredinol, sef cenhadaeth ysbrydol i'r holl fyd, y tyf holl linellau darlun Gwas yr Arglwydd. Ysbrydol, ac nid anianol, yw yn ei natur a'i ddull. Arfau milwriaeth Israel sydd ysbrydol – 'Nid trwy lu, ac nid trwy nerth, ond trwy fy ysbryd i'. Nid y cledd ond y Gair. Nid gorfyddiad nerthol anianol ond argyhoeddiad gwirionedd a swyn trugaredd. Nid llefain ond tewi. Nid gwrthwynebu ond ymostwng. Nid ymladd ond dioddef. Nid cadw einioes ond ei dodi i lawr.

J. Morgan Jones

293. SICRWYDD HEDDWCH

Yr unig obaith am sicrwydd heddwch parhaol a chyfiawn yw undod ac unfrydedd gwerinoedd y gwledydd, a rhaid i hynny dyfu o'r gwerinoedd eu hunain yn annibynnol ar unrhyw wladwriaeth neu lywodraeth gyfalafol. Canys nid yw'r llywodraethau hynny yn ddim amgen nag offerynnau yn nwylo'r miliwnyddion a'r budrelwyr, dosbarth o bobl sydd eisoes yn gyfrifol am ddau ryfel mawr y ganrif hon. Ein dyletswydd ni yw gwylio na chânt gyfle i fod yn gyfrifol am un arall eto.

D. Tecwyn Lloyd

294. RHWYD MILITARIAETH

Taenwyd rhwyd militariaeth mewn llawer man ac mewn llawer modd. Trwy gwmnïau cryfion o wneuthurwyr arfau, gyda'u cyfranddalwyr o blith pobl gwahanol deyrnasoedd, y mae gwleidyddiaeth wedi myned dan ei dylanwad. Trwy gymdeithasau i fechgyn – yn enw iechyd a datblygiad corfforol, er mwyn eu dysgu i fod yn graff a sylwgar, yn ddewr a hunanfeddiannol (ie, bid sicr), y mae'r ysbryd cyfrwys hwn wedi gweithio'i ffordd i enaid a chorff llu o ieuenctid. Rhoddodd yr Eglwys groeso i'r cymdeithasau hyn, mewn diniweidrwydd, ni a obeithiwn. Ond gwylied rhag llaw. Yn rhith rhinwedd a moesoldeb – cynildeb, glendid, disgyblaeth dda, gwasanaeth cyhoeddus – yr ymddengys yr ysbryd, a da i'r Eglwys fydd edrych yn fanwl i bob rhyw gynllun sydd yn chwennych ei nodded, fel na wnelo gam â'i henaid ac â'i Hefengyl ei hun.

Thomas Rees, 1916

295. CENEDLAETHOLWR A HEDDYCHWR

Caniatäer i mi fynegi fy ffydd mewn modd a ymddengys yn wyllt ac yn eithafol. Ni allaf gymryd rhan mewn rhyfel am nad wyf yn byw yn ôl safonau rhyfel a gwerthoedd rhyfel, am nad wyf, mewn ystyr bwysig, yn byw mewn byd lle mae rhyfel yn bosibl, am fy mod yn perthyn, gorff ac enaid, i fyd newydd. Fy ymborth yw Bara a Gwin y Bywyd Newydd. Meddaf ar y bywyd tragwyddol. Hawliaf holl ragorfreintiau a gorfoleddau Teyrnas Dduw. Ni allaf gymryd rhan mewn rhyfel am mai myfi, Davies Aberpennar, y pennaf ymhlith y pechaduriaid, yw'r lleiaf ymhlith ynfydion Crist ... Perthynaf i hil newydd sydd wedi colli'r moddion a'r dymuniad i ryfela. Nid oes esboniad ar wahân i'r ffaith ryfedd fy mod wedi cael fy aileni yng Nghrist.

Yr wyf yn genedlaetholwr ac yn heddychwr am fy mod yn fab i Dduw ac yn etifedd y bywyd tragwyddol. Mae'r un peth yn wrthun ond y mae'n wir. Ceisiaf fywyd helaethach i'm cenedl a'm diwylliant am yr un rheswm yn union ag y ceisiaf ddinistrio'r pethau a fyn lofruddio pob cenedl a phob diwylliant a phob bywyd. Y mae fy Nghymru innau'n rhan o'r gwareiddiad newydd yr wyf yn byw drosto ac ynddo. Mae hynny mor sicr gennyf ag ydyw'r ffaith ddiymwad fod cyfalafiaeth ac imperialaeth a Mamongarwch y byd Gorllewinol yn perthyn i'r hen wareiddiad colledig. Yr un yw'r frwydr dros Gymru a'r frwydr dros heddwch a'r frwydr dros Deyrnas Dduw. Yr un yw'r gelyn a'r un yw'r Gwaredwr; yr un yw'r ffydd a'r un yw'r llawenydd; yr un yw'r aberth a'r un fydd y fuddugoliaeth.

Pennar Davies

296. EIN CYNHYRFU I WEDDÏO

Onid yw'r hyn a'n cynhyrfa i weddïo yn ein cynhyrfu i weddïo dros ein gwrthwynebwyr, nid yw cariad Duw yn trigo ynom, canys y mae yn natur cariad orchfygu drygioni drwy ddaioni. A wyt ti'n gweddïo dros dy elyn? Gweddïo dros y rhai a wna niwed i ti? Ie, bid siŵr. Y mae gweddïo dros elyn yn foddion di-feth i fagu ac i feithrin cariad tuag ato. A allwn ni barhau i gasáu'r neb y byddo'n wiw gennym ei gyflwyno mewn gweddi i diriondeb ein Tad yr hwn sydd yn y nefoedd? Onid yw pob deisyfiad yn ei wneud yn fwy gwerthfawr yn ein golwg? Oni wna ein gweddi ef yn ddyn newydd yn ein teimlad? Ni waeth pa ymosodiadau a wna ef arnom bellach, ni ollyngwn ni mo'n gafael arno; eithr ni a ymladdwn ag ef â'n gweddïau, gan ddisgwyl i Dduw ymladd gyda ni a'i orchfygu.

Emrys ap Iwan

297. BRAWDGARWCH

A ewyllysiwn i Dduw fod yn drugarog wrthym? Y mae'n rhaid i ni ollwng i lawr bob cenfigen at ein gilydd. Heb hyn, bydd i Dduw ein bwrw ymaith, canys ni dderbynia efe neb ond y rhai sydd yn aelodau o'i Fab, ac ni allwn fod yn aelodau i Iesu Grist oddieithr fod ei Ysbryd ef yn ein llywodraethu, yr hwn ydyw'r Ysbryd o heddwch ac undeb. Gan hynny, bydded i ni ddysgu bod yn gyfeillgar a brawdol i'n gilydd, os ydym yn ewyllysio cael ein derbyn gan Dduw ato ei hun, a chael ei fynwes yn agored iddo ein derbyn pan fyddwn yn nesáu o'i flaen ... Ysbryd Cristnogaeth sydd ysbryd o heddwch, o ostyngeiddrwydd, o gariad, o frawdgarwch, ac o dosturi; a phe byddai ein tuedd wrthnysig ni o dan ddylanwadau'r ysbryd hwn, byddai ein cymdeithas yn wynfydedig.

Jean Calvin (1509-64)

298. BETH YW CREFYDD I CHWI?

Adroddir am ryw ŵr o safle yn dweud, 'O gael crefydd, gadewch iddi fod yn ddigyffro a hamddenol.' Dyna ddymuniad lliaws o grefyddwyr hefyd – cael ffydd a chrefydd heb wasanaeth aberthgar ynglŷn â hi. Meddyliwch am yr adnodau uchod (Luc 4:16-19), a gwelwch mai'r peth mawr i'r Meistr oedd gwasanaeth. Nid oedd ystyr i wasanaeth a moddion cyhoeddus ond i hyrwyddo hyn. Pan addolai ef y Tad, addolai un oedd yn anfodlon 'cyfrgolli yr un o'r rhai bychain hyn'. Pan weddïai yn yr unigrwydd, meddyliai am ei gyfeillion, megis Pedr, oedd â Satan yn eu ceisio i'w nithio fel gwenith. Pan fyfyriai am anfarwoldeb a byd arall, llawenychai y cawsai'r sawl y bu'n gyfyng arnynt yma, gynnig gwell o dan 'loywach nen'. Troes y nerth hyfryd a gafodd yn y gweddnewidiad i iacháu rhyw druan wrth droed y mynydd. Troes Iesu bob nerth a gafodd trwy gymundeb hyfryd â Duw – pob peth a gafodd o brofiad anghyffredin – yn gysur ac yn wasanaeth i ddynion. Addoli a chrefydda yw gwasanaethu. Y mae gwasanaeth ymysg pethau urddasol ein crefydd. Ni ddeallwyd Crist erioed gan y neb sy'n breuddwydio am grefydd esmwyth.

Beth yw crefydd i chwi? Uniongrededd! Sacramentau! Seremonïau! Defodau manwl! Uchafiaeth y Pab! Yr Olyniaeth Apostolaidd! Ysbrydoliaeth y Beibl! Yr ailddyfodiad! Y mae'r neb sy'n meddwl am y tlawd a'u hadfyd, y caeth a'r dall a'r clwyfus a'r anghenus, yn nes na thi i ysbryd Iesu Grist.

Lewis Valentine

299. FFRWYTH

Gwelaf mai un peth yw dywedyd a pheth arall yw gwneuthur ... Y maent mor wahanol ag yw'r enaid a'r corff; canys megis nad yw'r corff heb yr enaid ond celain farw, yr un modd, nid yw siarad, a hynny yn unig, ond celain farw. Enaid crefydd yw y rhan ymarferol ... Ac nid digon yw siarad i brofi bod ffrwyth mewn gwirionedd yn y galon a'r fuchedd. Bydded sicr gennym y bernir dynion yn y farn yn ôl eu ffrwythau. Y pryd hwnnw ni ddywedir, 'A gredasoch chwi?' ond 'Ai gwneuthurwyr oeddech, ynteu siaradwyr yn unig?' Cyffelybir diwedd y byd i'n cynhaeaf ni; a gwyddoch nad yw dynion yn y cynhaeaf yn edrych am ddim ond ffrwyth.

John Bunyan (1628-88)

300. BYW GWEDDI

Cefais yn y blynyddoedd diweddar lawer o fendith wrth feddwl mai wrth fyw yr ydym yn gweddïo. Byw i Dduw, byw gyda Duw – dyna yw gweddi, a'r ffordd honno'n unig y gellir gweddïo'n ddi-baid. Nid yr ymarferion defosiynol ar adegau penodedig ac ar batrymau mwy neu lai ffurfiol yw hanfod y bywyd gweddigar, ond byw i Dduw a byw gyda Duw. Meddwl, gweithio, chwarae, gwneuthur popeth gyda golwg ar bwrpas Duw a chyda blas ar ei gariad llym a'i bresenoldeb chwyldroadol – dyna yw hanfod gweddi. Bwyta, cysgu, ymwisgo, ymdrwsio, ymolchi, ymgomio, cyfarfod â chyd-ddynion, gwylio digwyddiadau'r oes, ymroddi i fudiadau bendithiol, gwneud y gwaith beunyddiol a phob gwaith arall dros ben, ac yn y cyfan, dibynnu ar Dduw, a rhoi gogoniant iddo a gwybod ei fod gyda chwi – dyna weddïo.

Pennar Davies

301. Duwioldeb personol

Heb dduwioldeb personol, ni wna dynion eu dyletswydd fel y dylent. Sancteiddrwydd yn ein personau ein hunain yw'r gris cyntaf tuag at ei wasgaru ymhlith eraill. Ni all yr hwn na fedr ei berswadio ei hun i fod yn sanctaidd lwyddo gydag eraill. Sancteiddrwydd personol ydyw un o'r moddion apwyntiedig i ddychwelyd y byd. Dichon pregeth sanctaidd barhau am awr, ond pregeth barhaus yw bywyd sanctaidd, a gall hen wraig dlawd bregethu'r cyfryw bregeth cystal â'r dyn mwyaf ei ddoniau. Gall pawb ddeall y fath bregeth â hon yna, ac ni all gael neb i'w gwrthddywedyd.

Williams o'r Wern

302. Gwneuthurwyr heddwch

Credwn ein bod fel Cristnogion yn cael ein galw i fod yn wneuthurwyr heddwch,
y gwir heddwch y mae Duw wedi ei addo i ni.
Credwn fod hynny ar adegau'n golygu 'tarfu'r heddwch' fel y gwnaeth Iesu, i bwrpas – i adfer pwrpas Duw.
Credwn fod arferion y Cefnfor Tawel yn rhoddion gan Dduw.
Fe'n gwahoddir i ddefnyddio gwerthoedd diwylliant y Cefnfor Tawel i adeiladu cymunedau cyfiawnder a heddwch.
Pwysleisiwn ein hargyhoeddiadau, wedi ein hatgoffa o gariad Duw, gras ein Harglwydd Iesu Grist a chymdeithas yr Ysbryd Glân.

Gwragedd y Cefnfor Tawel

Mynegai - Awduron a chyfrolau (Rhif y weddi)

Mynegai 2 - teitl y gweddïau (rhif y weddi)

Llyfryddiaeth:

A Procession of Prayers: Meditations and Prayers from Around the World; John Carden: (Cassel, 1998).
Addolwn ac Ymgrymwn; BBC; 1955.
Agor Iddo; Olaf Davies; Cyhoeddiadau'r Gair; 2008.
All Desires Known; Janet Morley; (SPCK, 3ydd Argraffiad; 2005).
Antholeg Wythnos Cymorth Cristnogol, 1990 a 1992.
Best Loved Prayers & Words of Wisdom; Martin H. Manser; Collins, 2009.
Bob Bore o Newydd; BBC; 1938.
Bread of Tomorrow; gol. Janet Morley; SPCK a Cymorth Cristnogol; 1992.
Confessing Our Faith Around the World: IV South America; WCC; Geneva; 1985.
Cristion; Tachwedd 1996.
Cwlwm o Weddïau; Jeffrey Williams; Cymorth Cristnogol; 1986.
Cydymaith y Pererin, gol. Brendan O'Malley; Gomer; 1989.
Cyfoeth o'i Drysor: Gweddïau Newydd a Hen; gol. Enid Morgan; 1990.
Dad, Molwn Di, Gŵyl Teulu Duw; Rhaglen Cyngor Eglwysi Cymru; 1986.
Dyrchafwn Gri, gwaith Lewis Valentine; gol. Idwal Wynne Jones; Gwasg Pantycelyn, 1994.
Economeg Heddwch, Dafydd Jenkins; Pamffledi Heddychwyr Cymru; 1943.
For all God's people, SPCK / Catholic Truth Trust; 1978.
Fford Tangnefedd, Cymdeithas Heddwch yr Annibynwyr; 1943.
Ffordd y Cymod, George M. Ll. Davies; Pamffledi Heddychwyr Cymru 1943.
Gwasanaethau 'Wythnos Cymorth Cristnogol'; 1979; 1980; 1990; 1991; 1992; 1993; 1994; 1995; 1996; 1997; 1998; 1999; 2000; 2001; 2002; 2003; 2004; 2006; 2007; 2010.
Gweddïau a Salmau; W. Rhys Nicholas; Tŷ John Penry; 1989.
Gweddïau Cyhoeddus 1; gol. Aled Davies, Cyhoeddiadau'r Gair; 1997.
Gweddïau Cyhoeddus 2; gol. Aled Davies, Cyhoeddiadau'r Gair; 1996.
Gweddïau Cyhoeddus 3; gol. Aled Davies, Cyhoeddiadau'r Gair; 1996.
Gweddïau Enwog; gol. Cynthia Davies, Cyhoeddiadau'r Gair; 1993.
Gweddïo; Arweiniad Dyddiol i Faes Gweddi; Cymdeithas Weddi'r Annibynwyr; dim dyddiad.
Gweddïo; Arweiniad Dyddiol i Faes Gweddi; Cymdeithas Weddi'r Annibynwyr; 1959.
Gweddïo am Newid; Rebecca Dudley a Janet Morley; Cwrs Grawys Cymorth Cristnogol, 1996.
Henry Richard, The Apostle of Peace; Lewis Appleton; Llundain; 1889.
Hwn yw'r Dydd; Elfed ap Nefydd Roberts, Gwasg Pantycelyn; 1997.
Jesus – Way of Peace; Christian Aid / Hodder Lent Book 2003.

Jesus Christ – the Life of the World; WCC; 1983.
Litwrgi ar gyfer Sul y Cofio; Cymdeithas y Cymod yng Nghymru.
Llawlyfr Gweddïo; Tŷ John Penri; 1970; 1972; 1991; 1993.
Llysgenhadon Crist; Taflen Weddi am Undod Cristnogol; 1997.
Medi Mewn Gorfoledd: Llawlyfr Diolchgarwch; Pwyllgor Cerdd Esgobaeth Bangor.
Nes Unionir y Cam; gol. Jeff Williams; Cyngor Eglwysi Cymru; 1990.
Oxford Book of Prayer; gol. George Appleton, Oxford University Press, 1985.
Pamffledi Heddychwyr Cymru; gol. Gwynfor Evans; cyhoeddwyd yn ystod rhyfel 1939-45.
Pocket Prayers for Peace and Justice; Church House Publishing; 2004.
Proffwydi Rwsia: Y Ddau Ddewis; gol. T. Gwynn Jones; Pamffledi Heddychwyr Cymru; 1943.
Rhaglen Cymanfa Tair-blynyddol CWM, Mahabalipuram, Tamil Nadu, India, 2009.
Rhyfel a'r Testament Newydd; Herbert Morgan; Pamffledi Heddychwyr Cymru; 1943.
Sylfeini Heddwch; Cymdeithas Heddwch yr Annibynwyr; 1944.
Taflen Wythnos Weddi am Undeb Cristnogol; 1983.
Taro'r Sul; Maurice Loader; Tŷ John Penri; 1996.
Teulu Duw yn Addoli; Cyngor Eglwysi'r Byd; Cytûn; 1986.
The Pattern of Our Days; gol. Kathy Galloway; Wild Goose Publications; 1996.
The Way of Peace: compiled by Hannah Ward and Jennifer Wild; Lion Publications; 1999.
Trefn Gwasanaeth Sul CWM 2002.
Tymhorau Gogoniant; Cytûn; 1997.
Tystiolaeth y Plant; gol. Gwynfor Evans; Pamffledi Heddychwyr Cymru; 1943.
Tystiolaeth y Tadau; gol. Tom Parry; Pamffledi Heddychwyr Cymru; 1943.
With All God's People: The New Ecumenical Prayer Cycle,; gol. John Carden; WCC Publications;Geneva; 1989.
Y Cristion a Rhyfel; Rhys J. Davies A.S.; Pamffledi Heddychwyr Cymru; 1943.
Y Traddodiad Heddwch yng Nghymru; Iorwerth C. Peate; Pamffledi Heddychwyr Cymru; 1943.
Yn Ôl y Dydd, Elfed ap Nefydd Roberts; Gwasg Pantycelyn; 1991.
Your Will Be Done; Christian Conference of Asia; Singapore; 1984.
Yr Eglwys Fore a Rhyfel; T. Eirug Davies; Pamffledi Heddychwyr Cymru; 1943.

Gwefan *Prayers for Justice and Peace.*
Gwefan *The World Prayer Project.*